I'm
Game
Designer
게임
디자이너되기

*본 책에 사용된 사진의 소품들은 저자의 소장품입니다.

게임 디자이너되기

2012. 9. 15. 1판 1쇄 발행
2013. 7. 15. 1판 2쇄 발행
2015. 2. 11. 1판 3쇄 발행
2021. 1. 14. 개정증보 1판 1쇄 발행

지은이 | 주진영
펴낸이 | 이종춘
펴낸곳 | BM (주)도서출판 **성안당**
주소 | 04032 서울시 마포구 양화로 127 첨단빌딩 3층(출판기획 R&D 센터)
10881 경기도 파주시 문발로 112 파주 출판 문화도시(제작 및 물류)
전화 | 02) 3142-0036
031) 950-6300
팩스 | 031) 955-0510
등록 | 1973. 2. 1. 제406-2005-000046호
출판사 홈페이지 | **www.cyber.co.kr**
ISBN | 978-89-315-5663-6 (13000)
정가 | 18,000원

이 책을 만든 사람들
책임 | 최옥현
진행 | 최창동
본문 · 표지 디자인 | 상:想 company
홍보 | 김계향, 유미나
국제부 | 이선민, 조혜란, 김혜숙
마케팅 | 구본철, 차정욱, 나진호, 이동후, 강호묵
마케팅 지원 | 장상범
제작 | 김유석

■ **도서 A/S 안내**

성안당에서 발행하는 모든 도서는 저자와 출판사, 그리고 독자가 함께 만들어 나갑니다.
좋은 책을 펴내기 위해 많은 노력을 기울이고 있습니다. 혹시라도 내용상의 오류나 오탈자 등이 발견되면 **"좋은 책은 나라의 보배"**로서 우리 모두가 함께 만들어 간다는 마음으로 연락주시기 바랍니다. 수정 보완하여 더 나은 책이 되도록 최선을 다하겠습니다.
성안당은 늘 독자 여러분들의 소중한 의견을 기다리고 있습니다. 좋은 의견을 보내주시는 분께는 성안당 쇼핑몰의 포인트(3,000포인트)를 적립해 드립니다.

잘못 만들어진 책이나 부록 등이 파손된 경우에는 교환해 드립니다.

I'm Game Designer
게임 디자이너가 되기 위한 필독. 게임 개발자의 첫걸음!
게임 디자이너되기
주진영 지음
BM (주)도서출판 성안당

추천사

인간에게 '논다'는 것은 어떤 의미일까?

전통적 관점에서 '일하는 것은 선이요, 노는 것을 악이다.'라는 이분법적 명제가 상당 기간 인류의 역사를 지배해왔으나, 21세기에 접어들면서 업무의 효율성보다 인간의 행복에 더 큰 가치를 두는 삶에 많은 사람들이 관심을 돌리게 되었다. 이제는 잘 노는 것이 경쟁력이며, 제대로 놀게 해주는 서비스가 산업적으로도 의미가 있는 시대로 진입해가고 있는 것이 현실이다. 날로 발전하는 IT 기반 기술은 이러한 '놀기 위한 서비스'의 가치를 높이는 데 크나큰 기여를 하고 있다. 재미있게 노는 것이 미덕인 시대가 되었다.

이러한 배경을 바탕으로 오늘날의 게임 콘텐츠는 그 어느 때보다 문화적, 사회적 주목을 받고 있는 산업으로 성장하게 되었으며, 산업적으로도 매우 큰 비중을 차지하고 있는 차세대 문화 산업 분야로 기대를 모으고 있다. 아울러 이러한 게임 콘텐츠 산업의 성장으로 인해 이 분야에 종사하고자 하는 지망생들이 폭발적으로 증가하게 되었으며,

이제는 복잡한 게임 콘텐츠 개발 과정에 대해 전문적으로 교육할 수 있는 적절한 교육 과정도 요구되는 상황에 이르렀다.

컴퓨터 기술과 아트 그리고 이를 기획적으로 통합하여 탄생하는 게임 콘텐츠는 그것이 가지는 높은 부가가치만큼이나 해당 분야에 종사하는 개발자들에게 고수준의 전문성을 요구한다. 수학, 물리학, 그래픽스를 비롯한 기초과학에서부터 네트워크 운영체계 인공지능 등의 소프트웨어 기술 등이 요구되고, 게임 디자인을 담당하는 기획자는 폭넓은 인문학적 식견과 경제학에 대한 원천적 이해가 요구된다. 게임을 즐기는 것과 게임을 제작하는 것 사이에는 이와 같은 적지 않은 간극이 존재하지만 이러한 사실이 일반적으로 알려지지 못한 것이 사실이다.

본서는 게임 개발의 현장에서 일어나는 실질적인 업무들에 대한 사실적인 기술을 통해 프로 게임 개발자를 지망하는 여러 예비 개발자들에게 바람직한 이정표를 제시하고 있다. 게임 개발에 대한 막연한 기대에서 벗어나 실질적으로 무엇을 준비해야 하고, 어떤 개발자가 되는 것이 경쟁력을 가질 수 있는지 그 기준을 제시하기도 한다. 직접 경험해보아야만 알 수 있는 소중한 경험들에 대한 주옥같은 정리들은 개발자를 준비하는 사람뿐만 아니라 이미 현장에서 활동하는 개발자들에게도 실질적인 도움을 줄 수 있을 것으로 생각된다.

청강문화산업대학교 게임콘텐츠스쿨
이범로 교수

인사말

흔히들 게임 회사라고 하면 다른 회사들과는 다르게 허술할 것이라 생각하는 사람들이 많습니다. 월급이 제대로 나오지 않는다거나, 갓 졸업한(혹은 대학생인) 젊은 청년들의 노동력을 착취하거나 말이죠. 물론, 그랬던 시절도 있었습니다.

물론 젊은이들이 왕성한 혈기만 갖고 시작하면서 넉넉지 않은 급여와 무리하게 야근을 하면서 게임을 만들던 시절도 있었습니다. 하지만 그런 열악한 환경에서 만들던 시절에도 게임을 만드는 이들에겐 꿈이 있었고, 그런 그들의 노력으로 이제 게임은 훌륭한 엔터테인먼트 산업으로 자리 잡았으며 웬만한 중소기업보다 더 높은 수익을 창

출하고 있습니다.

한국 문화 콘텐츠 산업의 수출에서 가장 큰 비중을 차지하는 분야는 바로 게임입니다만(2010년 통계 자료, 한국 콘텐츠 산업 수출액의 49.8%가 게임), 아직도 현실에서 게임 개발이라는 환경은 무시당하기가 일쑤이고, 게임 회사에 취직하는 것은 다른 회사들에 취직하는 것보다 쉽다고 오해 받기도 합니다만, 전혀 그렇지 않습니다.

게임 회사도 번듯한 직장이며 게임 회사에 다니는 사람들도 다른 여느 회사에 다니는 사람들과 비슷한 고민을 합니다. 그리고, 게임 회사도 우수한 인재를 탐내고, 다른 업종들에 비해 형식적인 자격 조건을 따지지 않기 때문에 더 경쟁이 치열한 그런 회사입니다. 그리고 입사한 후에도 끊임없이 공부하지 않으면 살아남기 어렵습니다. 그런 게임 개발의 정점에 게임 기획, 게임 디자인이 있습니다.

흔히 게임 기획이라고 말하는 분야는 개발팀 내에서는 게임 디자인이라고 불립니다. 말 그대로 게임을 디자인하는 곳입니다. 어떤 게임을 만들 것인지 결정하고, 게임에 대해 전반적인 설계를 합니다. 이 책은 그런 게임 디자인에 대한 내용을 담고 있습니다. 이 책에서는 게임 기획을 게임 디자인이라 통칭합니다.

컴퓨터 게임에 관련된 책들은 예전보다는 많이 나와 있습니다. 하지만 대부분이 기술적인 분야를 다루고 있습니다. 툴을 다루는 법이라거나 구현에 관련된 책들이고, 게임 디자인을 다루는 책들은 별로 없습니다. 게임 디자인이라는 것이 객관적인 정답을 갖고 있지 않고, 취향에 따라 호불호가 갈리기도 하며, 한 부분이 아닌 전체적인 모습을 봐야 하기 때문에 쉽게 얘기하기 어려운 부분들도 있습니다.

게임 산업은 많이 발전했습니다. 프로그래밍 기술도 발전해서 많은 수의 동시 접속자 수도 버틸 수 있는 서버를 구현할 수 있으며, 화려한 연출을 보여줄 수 있는 클라이언트도 있습니다. 게임 아트는 그런 기술적 받침으로 게임을 한 단계 업그레이드시켰으며 예술적 대접도 받고 있습니다.

이제 게임 산업이 더 발전하려면 게임 디자인이 발전해야 할 때라고 생각합니다. 화려한 이미지와 안정적인 기술들로 사람이 생각하던 것을 표현할 수 있는 시대가 되었으니까요. 이제 상상의 폭을 더 넓혀서 소설이나 영화와 같은, 그리고 차별화된 새로운 문화 콘텐츠로서 게임 디자인이 자리를 잡아야 할 때입니다.

가끔 학생들을 대상으로 하는 강의에 나가면, '어떻게 해야 게임 디자이너가 될 수 있느냐?'는 질문을 종종 받습니다. 그러면 항상 저는 '기본에 충실하기 바랍니다.' 라고 대답합니다. 게임 디자인이라는 것이 눈에 보이는 명확한 기술이 있는 것도 아니고, 각자가 자신의 길을 찾아야 하는 것이기도 하고, 혼자 생각하고 고민해서 게임 디자인을 완성할 수도 없습니다.

게임은 함께 만드는 것이고, 게임을 만들어보지 않으면 게임 디자인에 대해서는 배울 수 없는 것이기 때문입니다. 게임 디자이너들은 회사에 들어와서 프로젝트에 참여해보고 나서야 배울 수 있습니다. 그리고 본인이 어떻게 해야겠다는 생각이 있어야 앞으로 더 발전할 수 있습니다. 눈에 보이는 기술들은 작업 시 편의성을 제공하는 것이고, 이 또한 계속 발전하고 있습니다. 이런 기술들이 게임 디자인을 하는 방법을 알려주지는 않습니다.

이 책은 게임 디자인에 대한 아주 단순하며 기본적인 내용을 담고 있습니다. 일부 내용들은 이견이 있을 수도 있습니다. 하지만 이렇게 게임 디자이너들이 서로의 생각을 이야기하고 공유할 수 있는 자리가 좀 더 많아졌으면 좋겠습니다.

이 책을 읽어주셔서 감사합니다.

2021. 1

게임 디자이너 **주진영**

목차

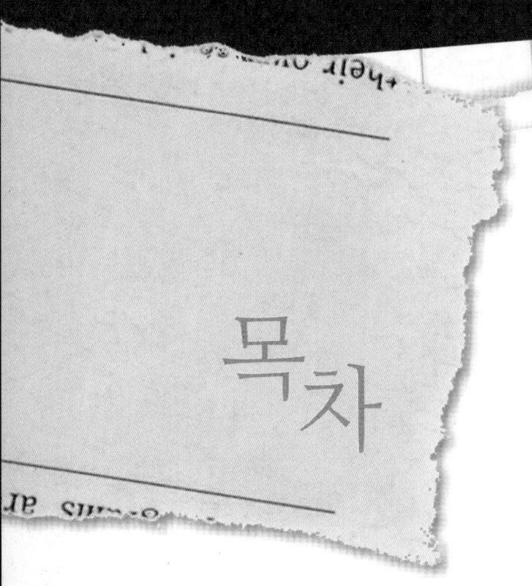

Part 2 신입으로 살아남기

Part 3 경력관리

들어가기

게임 디자이너 되기

*본 책에 사용된 사진의 소품들은 저자의 소장품입니다.

게임 제작의 시작은 게임 디자인부터

게임 관련 종사자가 예전에 비해 급격하게 늘어가고 있는 현재의 추세에서 많은 사람들이 게임을 즐기기도 하고, 게임을 만들기도 한다. 특히 게임 플레이를 즐겼던 이들은 스스로 게임을 만들고 싶어 하지만 어떻게 만들 수 있는지 잘 모르는 경우도 많다.

게임을 개발하는 것은 게임 디자인에서부터 출발한다.

모든 일에는 시작이 있는데, 그것은 바로 '무엇을 할 것인가?'를 고민하고 결정하는 것이다. 내가 무엇을 만들지를 알아야 그것을 만들기 위해서 어떤 방법과 어떤 도구를 사용하는 게 좋을지 알 수 있고, 결정할 수 있을 테니 말이다.

게임을 만들고자 할 때 가장 먼저 시작하는 것은 무슨 게임을 만들지 생각하고 결정하는 것인데, 이것이 바로 게임 디자인이다.

일반적인 기획과 게임 디자인

일반적으로 기획이라고 하면, 프로젝트 혹은 사업에 대한 기획을 말하는 것으로, 새로운 프로젝트의 목적을 설정하고, 그 목적을 성취하기 위해 가장 적합한 방법들을 계획한다. 그리고 이 계획을 실현하기 위해 여러 사람들을 설득하고 제작 방법들을 다각도로 조사하고 설계한다. 흔히 사업 기획이나 전략 기획이라고 말하기도 하는데, 기획이라는 것은 새로운 업무의 큰 틀을 짜는 일이다. 이런 기획 일을 하는 사람들에게 중요한 능력은 바로 소통의 능력으로 보기 쉬운 문서를 쓰는 것도, 시장 조사나 통계 자료 등의 객관적인 근거 자료를 준비하는 것도 모두 상대방과 소통하고 설득하기 위한 것이다.

게임을 개발하기 위해서 일반적으로 '기획'이라고 불리는 능력도 필요하고 어느 정도 이런 일을 수행할 것이 요구된다. 하지만 더 중요한 것이 있으니 게임 개발을 위한 설계 능력이다. 이것을 우리는 게임 디자인이라고 부른다.

게임을 만들기 위해서는 게임 디자이너들이 새로운 게임에 대한 제안을 하면서 시작한다.

그 제안을 받는 대상은 투자자일 수도 있고, 회사 내의 경영진일 수도 있겠지만, 그들에게 설명하고, 설득하기 위해 여러 가지 통계 자료나 시장 조사 등을 근거로 왜 이 게임을 만들어야 하고, 왜 이 게임이 성공할 것인지, 그래서 얼마만큼의 수익을 가져다줄 것인지를 설득하면서 프로젝트가 진행된다.

일반적인 회사의 기획이라면 여기까지 진행을 하고, 진행하기로 결정한 프로젝트에 대해서 누구에게 일을 시켜야 하며 어떻게 진행해야 할지를 고민할 것이다. 하지만 게임 기획은 조금 다르다. 게임은 프로젝트의 기획도 진행하고 개발에도 참여한다. 그래서 게임 개발을 위한 기획은 개발을 모르고 진행할 수 없고, 계획을 세우는 것보다는 설계를 해야 한다.

게임 디자이너가 하는 일

게임을 개발할 때 무슨 게임을 어떻게 만들지 설계하는 일을 하는 이를 '게임 디자이너'라고 한다. 게임 기획자와 게임 디자이너라는 말은 혼용되고 있지만, 개발팀 내에서는 게임 디자이너라는 말을 더 많이 사용한다. 수석 게임 디자이너라고 하면, 그래픽 디자이너들을 말하는 것이 아니라 게임을 전반적으로 설계하는 게임 디자이너들을 말하는 것이다.

어떤 게임을 만들어야 할지 결정할 때는 많은 요인들이 고려된다. 현재의 시장 상황을 고려해서 '요즘의 대세는 모바일 게임이니까 모바일 게임을 만들어야겠다.'라고 생각할 수도 있고, '액션 게임의 인기가 높아지고 있으니까 액션 게임을 만들어야겠다.'고 생각할 수도 있다. 당연한 이야기지만 이런 점을 고려할 때는 게임을 개발하는 데 얼마나 시간이 걸릴지를 예측해야 한다. 지금 당장은 액션 게임이 대세라고 할지라도, 지금부터 팀을 모으고 게임을 개발해서 2년 뒤에 게임이 나온다면 어떨까? 지금의 대세가 아니라 2년 뒤의 대세를 따라가야 성공 확률이 그만큼 높아질 것이다.

게임, 그리고 게임 개발의 특수성은 다른 프로젝트들과는 조금 다르게 흘러간다. 시장 상황에 대한 예측이라는 것이 다른 사업들을 진행하는 것과는 조금 다른데, 게임 산업에 조금만 관심을 둔다면 거의 모든 장르의 게임이 항상 개발되고 있고, 출시되고 있다는 것을 알 수 있을 것이다. 게임도 물론 유행이라는 것이 있고, 시장에서 선도적인 역할을 하는 게임들이 있지만 이는 시장 상황을 잘 파악해서 고객들의 입맛에 맞는 게임을 내놓아서 성공했다기보다는 잘 만든 게임이기 때문에 시장을 선

"
게임 기획자와
게임 디자이너라는
말은 혼용되고 있지만,
게임 개발팀 내에서는
게임 디자이너라는 말을
더 많이 사용한다.
"

도할 수 있는 힘을 갖게 되었다고 보는 것이 합당하다.

게임의 개발 기간은 겉보기보다 꽤 길다. 간단하게 보이는 퍼즐류 게임이라고 할지라도 한 달 만에 사업 기획부터 게임 개발 완료까지 나오기는 쉽지 않고, 또한 규모가 큰 RPG 게임 같은 경우는 개발 기간이 5년을 훌쩍 넘기기도 한다. 유행을 감지하고 계획을 세우기엔 개발 기간이 길고, 유행이라고 쉽게 시작할 수 있는 규모도 아니다.

그래서 게임은 잘 만드는 것이 중요하다. 요즘의 유행은 빨리 변하지만, 급변하는 유행을 좇아가면서 게임을 만드는 것은 매우 어렵고, 예측해서 게임을 만들었다고 성공한다는 보장도 없다. 게임의 개발 기간은 긴 편이고, 프로젝트별로 적합한 인재를 구하는 것도 어렵다. 그래서 게임을 만들 때는 만들 수 있는 게임이 무엇인지, 어떤 게임을 만들어야 하는지 등 게임이라는 제품 그 자체에 더 초점이 맞춰져 있게 된다. 잘 만들어진 게임은 유행을 선도할 수 있고, 유행을 선도하는 제품이 성공하는 것은 당연한 시장 원리이다.

게임 디자이너가 되기 위한 조건

그래서! 게임 디자인은 중요하다!
무슨 게임을 만들게 될 것인지는 게임 디자이너들에게 달려 있기 때문에 게임 디자이너는 게임 개발에서 가장 중추적인 역할을 하고 있는 사람들이라고 자부심 있게 이야기할 수 있다.
게임 디자이너가 되고 싶은 사람들은 게임을 설계해서 만들고, 자신이 생각한 것이 형상화되는 모습에 매력을 느낄 것이다. 그리고 많은 사람들이 게임 디자이너가 되기 위해서는 무엇을 준비해야 하는지 궁금해 한다. 아직 생계 전선에 뛰어들지 않은 학생들이 어떻게 게임 디자이너가 될 수 있는지, 게임 디자이너라는 직군으로 취업하기 위해서는 무엇을 해야 하는지를 물어보는데, 무엇보다 기본에 충실해야 한다고 말해주고 싶다.

게임 디자이너는 게임을 설계하는 사람이고, 이것에 대해 어느 정도 자신의 생각을 갖기 위해서는 일단 만들어봐야 알 수 있다. 만들어서 결과를 본 사람과 그렇지 않은 사람은 정말 하늘과 땅 차이이다. 게임 개발자 지망생들이 게임을 혼자서, 혹은 친구들과 함께 만들 수는 있겠지만, 이렇게 만들어지는 게임은 상용화된 게임과 비교해서 한계가 있을 수밖에 없다. 상용화된 게임들 같은 대규모의 게임을 만들어보는 것은 거의 불가능하고, 게임 개발의 경험이 같다고 말하기 어렵다.

사람을 뽑아야 하는 회사에서도 그러한 현실을 알고 있다. 사람을 구하는 입장에서는 실질적인 경험을 해본 사람을 뽑고 싶겠지만, 실제로 그런 사람들을 구하기가 어렵다는 것도 알고 있다. 게임 디자이너의 경험이란 게임을 만들어봐야 알 수 있으며, 개발 경험은 팀에 들어가서 직접 봐야 알 수 있는 것들이 매우 많다. 즉, 게임 디자이너는 실무를 통해서 배우고 성장할 수 있다.

그래서 게임을 만들어본 적이 없는 새내기들이 익힐 수 있는 실력이라는 것은 제한될 수밖에 없으며, 게임을 만들기 위해 필요한 여러 가지 다양한 도구들의 사용 방법을 익히게 되지만, 게임 디자이너들에게 가장

게임 디자이너(기획)
전략 기획
프로그래머
아티스트
플랫폼 프로그래밍
게임 퍼블리싱
게임 마케팅
홍보용 아트
게임 프로그래밍
게임 디자인
게임 아트
QA
게임 개발자

중요한 능력은 바로 생각하는 능력이다. 도구들의 사용법은 팀마다, 프로젝트마다 다를 수밖에 없고, 도구를 다루는 방법도 들어와서 익히면 충분하다.

게임 디자이너로서 사회에 발을 들이고 싶다면, 기본을 먼저 익히라고 이야기해주고 싶다. 이것은 취업 전선에 뛰어드는 모든 이들에게 공통적인 기본 소양이다. 국어, 영어, 수학, 역사 등의 기본적인 능력이 되고, 응용력이 있어야 하며, 사람과의 의사소통이나 협업 능력이 필요하다.

일단 기본적인 능력들부터 준비가 되어 있다면, 그다음으로도 나아갈 수 있을 것이다. 기본이란 그런 것이다.

Part 1

취직 준비

• 게임 회사 다니기 좋아요? • 취직이 잘 되는 학교 • 게임 디자이너에게 필요한 기술 • 다른 분야에서 인정받아라 • 공개 채용 • 혈연/지연/학연

:: 게임기획전문가(게임국가기술자격증)/그리고, 있으면 좋은 것

*본 책에 사용된 사진의 소품들은 저자의 소장품입니다.

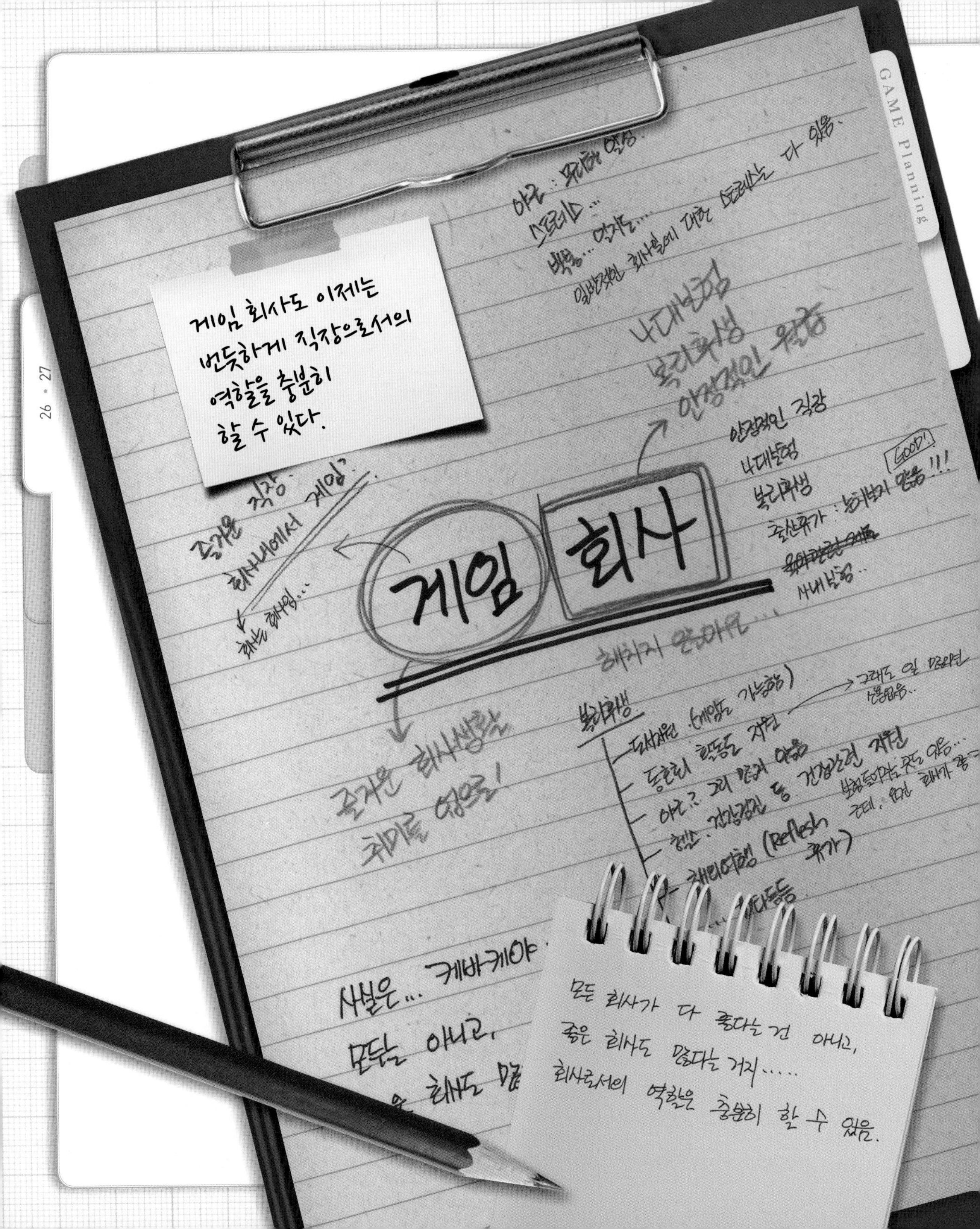
GAME Planning
게임 회사도 이제는
번듯하게 직장으로서의
역할을 충분히
할 수 있다.
게임
회사
복리후생
안정적인 월급
안정적인 직장
복리후생
GOOD!
해치지 않아요...
즐거운 회사생활,
취미를 업으로!
즐거운 직장
사실은... 케바케야
모든 회사가 다 좋다는 건 아니고,
좋은 회사도 많다는 거지.....
회사로서의 역할은 충분히 할 수 있음.

게임 회사 다니기 좋아요?

"선배, 게임 회사 다닌다고 했죠?"

"응. 벌써 다닌 지 꽤 됐지."

"제 동생이 이번에 취직해야 한다고 걱정이 많은데,
게임 회사를 가고 싶어 해서요."

"그래? 그런데?"

"그런데…."

"응, 뭐?"

……

"게임 회사, 다니기 좋아요?"

게임 회사 다니기 어때요?

가끔 게임 회사는 어떠냐는 질문을 받는다.
질문하는 사람들은 대부분 4·50대 정도로 장성한 자녀가 있을 만한 어른들로, 아마도 자녀나 가까운 친척들 중에,

1 게임 회사를 들어가겠다고 주장하는 자녀가 있거나,
2 하루종일 게임만 하니 게임 회사라도 들어가려나(혹은 게임 회사라도 들어가게 해야겠다.)
…라고 생각되는 경우이다.

두 번째 경우라면 적극적으로 말리고 싶지만 실제로 말려본 적은 없다. 게임을 좋아하지 않거나, 게임에 대한 이해력이 부족한 사람의 관찰에 의한 판단은 그 실상을 유추하기 어렵고, 내가 말린다고 생각을 안 하실 것도 아니기 때문이다.

'우리 애가 컴퓨터를 잘하는데, 프로그래머로 취직할 수 없을까?'라고 말씀하셔서 컴퓨터를 잘한다는 '우리 애'를 만나 같이 이야기를 해본 적이 있다.

이야기를 해보니 '우리 애'가 할 수 있는 일이라고는 컴퓨터를 켜고 끄거나, 컴퓨터에 문제가 생겼을 때 재부팅Rebooting으로 문제를 해결하거나, 프로그램을 설치/삭제하거나, 웹브라우저WebBrowser에 북마크Bookmark, 즐겨찾기를 할 줄 알거나, 키보드 타이핑 속도가 조금 빠른 경우가 대부분이다.

'어머님, 죄송하지만 이 정도는 요즘 아이들은 거의 누구나 다 할 줄 안답니다.'

애석하지만, 이런 말씀을 하시는 분들의 소개로 만나본 '우리 애'들 중에서 정말 컴퓨터를 잘하는(컴퓨터 조작을 잘 하는게 아니라), 프로그래밍에 대해 잘 아는 이를 만나본 적은 없다. 아니, 사실 그런 실질적인 기술(?)을 갖고 있는 것은 바라지도 않고, 가르치면 어느 정도 이해할 수 있을 정도로 논리적인 사고력을 갖고 있다면 다행이지만 그런 이들도 적어도 내 주위에서는 거의 본 적이 없는 듯하다.

그럴 수밖에 없는 것이, 뒤에서 가만히 지켜보시다가 '그래도 컴퓨터랑 친하니 그런 쪽에라도 취직할 수 있겠지.'라고 고심하신 끝에 처음 보는, 잘 알지도 못하는 나 같은 사람에게 물어볼 정도면 '너무너무' 걱정이 되시는 것이다. 내 아이가 뭔가 할 줄 아는 게 있다면 자기가 먹고살길을 찾거나, 혹은 자기가 가고 싶은 바가 너무나 뚜렷하기 때문에 '아무'에게 일자리를 소개시켜달라고 하진 않을 것이기 때문이다.

게임 회사 괜찮아요?

그래서 실제로 현실성 있는 경우는

게임 회사를 들어가겠다고 주장하는 이

가 있는데, 게임 회사라는 것이 과연 믿을만한 곳인지 걱정스럽기 때문에 지나가는 아무개에게라도 물어보고 싶으신 것이다.

자기 스스로 먹고살기 위해 무언가를 하는 아이가 게임 회사를 들어가겠다고 주장하는데, 어르신들이 보기에 게임 회사라는 것이 과연 괜찮은 '회사'인가 걱정이 되시는 것이다.

게임도 훌륭한 문화 산업의 기수이건만, 게임이나 게임 산업이라는 것에 대해 일반적으로 이미지가 좋지 않은 것은 사실이다.

게임이라는 말이 등장할 때에는 계정 도용이니, 사행성, 현금 거래, 폐인, 작업장, 개인 정보 거래, 사이버 해킹, 오토 프로그램, 정보 보안 취약, 도박, 자살, 왕따, 학업 저하 등등 온갖 좋지 않은 의미를 가진 단어들이 우르르 따라오는 경우가 많기 때문이다.

게임을 즐기지 않는 사람들, 게임이라는 것은 쓸모없는 행위라고 생각하는 사람들, 게임은 비생산적인 행위라고 생각하는 사람들이 생각보다 상당히 많다. 게임이란 단지 유희의 한 종류일 뿐이고 사람은 쉬어야 앞으로 더욱더 나아갈 수 있는 존재이지만 그런 건 쉽게 무시된다.

게임은 휴식의 수단 중 하나일 뿐

오늘 학습한 것을 확실하게 머릿속에 기억해놓으려면 잠을 자야 하지만, 요즘 학생들은 밤에 잠을 자는 것도 쉽지 않다. 긴장감을 풀고 머릿속을 비우고 몸이 쉬는 것처럼 머리도 쉬어줘야 하는데, 경쟁 중심의 산업 사회는 끊임없이 일을 하고 목표를 향해 달려가라고 채찍질하기 때문이다.

하지만 사람은 기계가 아니다.
사람의 창의력은 오히려 무언가를 의무적으로 하지 않을 때 나온다.

아인슈타인은 취미 생활로 수학을 하다가 상대성 이론을 발표했고, 모차르트는 당구대 위에서 작곡을 했다지 않은가.
그러나 요즘의 시국은 반드시 목표, 그것도 자신의 목표가 아닌 다른 사람들이 '멋지다!'라고 말해줄 수 있는 목표를 세워서 짧은 시간이라도 헛되이 쓰지 않고 달려가야 인생을 낭비하지 않고, 사회의 패배자로 전락하지 않는 사회가 되어버렸다.

유대인의 노동관은 근면과 성실에서 출발하지 않는다. 역설적이게도 휴식에 관한 명확한 철학이 유대인 노동관의 핵심이다. 유대인의 노동은 안식일을 정확히 지키는 것에서부터 시작된다.

일주일을 일했으면 안식일에는 무조건 쉬어야 한다. 환자도 고쳐서는 안 된다. 이를 어기고 안식일에 환자를 고친 예수는 유대인에게 배척당했다. 6년을 일했으면 7년째는 안식년으로 쉬어야 한다. 경작도 하지 말아야 한다. 경작하지 않은 땅에서 자연스럽게 난 과실은 가난한 사람들의 몫이었다. 안식년만 있었던 게 아니다. 7년씩 7번을 지나고 50년째 되는 해는 '희년(year of jubilee)'이라 했다. 희년에는 인간의 모든 관습도 쉬어야 했다. 죄인들은 풀어줘야 했고, 모든 계약 관계는 무효가 되어 새로 시작돼야 했다.

유대인의 노동관이 이처럼 휴식에 초점이 맞춰져 있었기에 다른 민족이 도저히 따라갈 수 없는 창의적인 민족이 될 수 있었다. 하루의 휴식에 관해 '탈무드'는 이렇게 말한다.

출처 〈주간동아〉 기사

"영혼까지도 휴식이 필요하다.
그래서 잠을 자는 것이다."

이렇게 휴식이라는 것에 대해서 인색한 사회가 되다 보니 유희를 위한 게임이라는 것에 대한 인식도 좋지 않고, 그런 게임을 만드는 사람들에 대해서도 가볍게 생각하는 것도 사실이다.

특히 사회적으로 천덕꾸러기 취급을 받는 컴퓨터 게임 산업이다 보니 어르신들의 눈에는 과연 그런 회사가 다닐 만한 회사인 건지, 그 회사라는 것이 사회 경험 없는 애들을 데려다가 부려먹는 데가 아닌지 걱정스러우실 수도 있다.

그렇지만, 게임 회사 나쁘지 않아요

물론, 전제는 회사가 어느 정도 규모가 되고, 게임을 출시하여 서비스하고 있으며, 현재 수입이 있는 상태이고, 출시된 게임이 도박 전용 게임이 아닌 순수히 유희를 위한 게임인 경우이다. 하지만, 뭐 이런 세부적인 변수들은 다른 일반적인 회사에도 동일한 기준이 적용될 수 있을 것이다. 직원이 10명인 회사와 1,000명인 회사의 여건은 다를 수밖에 없다.

게임 회사의 가장 큰 자산은 누가 뭐라고 해도 인력, 사람이다.

게임 회사의 선두주자들, 그래서 지금 큰 규모를 갖게 된 회사들은 인력이 중요하다는 사실을 무엇보다 잘 알고 있기 때문에 다른 환경적인 요소들에 대해 걱정 없이 게임 개발에 전념할 수 있도록 직원들에 대한 기본적인 복지 기준을 상당히 높게 잡아두었다. 다행스럽게도 그런 정책이 정착화되어 웬만한 이름있는 게임 회사들의 복지 정책은 상당히 좋은 편이다.

"저희 회사 직원이 굶고 다니는 일은 절대 있을 수 없죠"

필자가 처음, 큰 게임 회사에 들어갔을 때가 2001년이었다. 건물 층층마다 보물창고(?)가 있었고, 그 안에는 온갖 먹을 것이 가득 차 있었다. 회사를 다닌다는 것, 직업을 구한다는 것의 가장 일차적인 목표는 '사냥' 즉, '먹을 것'을 구하기 위해서다. 그런데 먹을 것이 가득 있었던 것이다.

게임 회사에 들어가기 전에는 점심값이 나오는 회사는 구경도 하지 못했다. 점심은 그냥 알아서 해결하는 것이 당연시되어 도시락을 싸갖고 다니는 직원들도 많았지만 게임 회사에 들어오니 점심, 저녁을 위한 비용을 제공하는 것은 아주 당연한 것이었고, 그 외의 간식거리나 야식 등도 제공되었다.

음료수도 일반적인 게이머들이 좋아하는 거품이 부글부글 나오는 것에서부터 취향을 타는 건강 음료수와 카페인 섭취를 위한 음료수 등 다양하게 준비되어 있었다.
그게 지금으로부터 10년도 더 전의 일이니 요즘은 게임 회사 내의 식량창고도 더욱 발전했다.

식량창고
일반적으로는 탕비실이라고 불리는 공간이다. 기본적인 생수기와 냉장고가 있고, 그 외에도 각종 음료수와 라면, 야식용 냉동식품 등이 있다. 일반적인 사무실의 탕비실보다는 카페테리아처럼 꾸며놓은 곳이 많다. 작은 단위의 미팅이 이루어질 수 있도록 테이블을 비치해놓기도 한다.

최신 유행에 맞춰 식량창고 내에 에스프레소 머신을 갖다 놓은 회사도 있고, 아예 카페테리아를 차려놓은 회사도 있다. 외부인도 드나들 수 있는 카페테리아라면 직원은 할인을 해주고, 직원들만 드나들 수 있는 카페테리아라면 그 가격은 외부에 비해 무척이나 싼 가격에 이용할 수 있다.
단순히 음료수나 라면 등을 쌓아두는 공간이 아니라 담소를 즐길 수 있고 휴식을 취할 수 있는 공간으로 역할이 커졌다.

4대보험은 기본입니다

기본적인 복지 정책들도 훌륭하다. 4대보험(국민연금, 건강보험, 고용보험, 산재보험)은 기본이고, 기본적인 보험 외에 단체건강보험을 들어주기도 한다. 단체건강보험이 있다면 생활에 필요한 간단한 병원비, 피검사 등에서부터 CT검사 같은 비용이 부담되는 큰 검사들도 실비 지원이 되기 때문에 건강이 염려스러우면 비용 걱정 없이 병원에 가서 이것저것 검사를 받을 수 있다. 물론, 한도는 있지만 큰 병이 아닌 이상 일상적인 생활에서는 부족하지 않은 범위이므로 걱정하지 않아도 좋다.

가족 중에 정기적으로 병원을 다녀야 할 정도의 환자가 있다면, 이런 단체건강보험은 아주 고마운 회사의 배려가 된다. 집에 아픈 이가 있으면 여러모로 힘든 일이 많이 생기는데, 특히 금전적인 문제는 큰 걱정거리 중 하나이기 때문이다.

회사의 인력이 발전해야 회사가 발전한다

1년 동안 자기 계발을 목적으로 기본적인 급여 외의 비용을 지원해주는 것을 복리후생비라고 부른다(명칭은 회사마다 조금씩 다르다.). 자기 계발은 학원비, 서적 구입비 등에서부터 영화 또는 공연이나 여행경비 지원 같은 문화생활을 위한 비용까지 모두 포함한다. 문화생활도 자기 계발에 중요한 몫이라는 것을 알기 때문이다. 물론, 게임 구입 비용도 지원된다.

복리후생비 지출 가능 범위
자기 계발
학원비, 여행비, 서적 구입 등
문화생활
영화/공연 관람, 체력 단련 등
생활 편의
주차비 지원 등
물론, 회사마다 다르다.

그래서 복리후생비로 구입된 여러 택배 상자들의 종류를 보면 그 사람의 취향을 파악할 수 있다. 이렇게 직원 간의 꽃피는 취미 생활이 지속된다.

'복리후생비를 다른 용도로 사용할 수 있지 않아요?'
허술하게 보면 안 된다. 회사에서 돈을 '그냥 더' 주지 않으며, 어떤 목적으로 사용하는지 검증 없이 돈을 쓰는 회사는 없다.
카드로 만들어서 돈을 충전해주고, 특정한 곳에서만 사용할 수 있게 한다거나, 목적에 맞는 곳에 비용을 썼다는 것을 영수증으로 증명해야만 돈을 지급해준다.

그 밖에 회사에서 대출을 지원해주기도 한다.
주택자금대출, 혹은 생활자금대출인데, 이런 건 아무래도 규모가 큰 회사들에게 있지만, 사회 초년생들에게는 아주 유용한 지원이기도 하다. 기본적으로 일반 금리보다 싸고, 거치기간이 길거나, 상환기간이 길고 조건도 좋은 편이다. 물론, 퇴사를 하게 되면 전액 갚고 나와야 한다. 회사로서는 인재들을 잡아두기 위한 구실도 될 수 있겠지만 큰 목돈이 필요한 경우(주로 독립하는 경우)에는 아주 유용하며 회사에 대한 충성도가 급상승하게 된다.

주 5일의 근무 환경

주 5일 근무도 기본이다. 게임 업계는 주 5일 근무를 시행할 때부터 동참해왔고, 그걸 당연하게 생각한다. 물론, 야근은 밥 먹듯이 하는 게 보통이고 야근수당 따위도 없지만, 주말까지 출근시키는 경우는 스케줄 관리를 극히 못 하는 프로젝트가 아니라면 드물다(주 40시간 근무는 보장할 수 없지만...).

여자에게도 나쁘지 않다

결혼이나 임신했다고 퇴사에 대한 압박을 주는 일도 없고, 출산 휴가나 육아 휴직 등도 눈치 없이 사용할 수 있다. 휴가 다녀오고 난 후, 책상이 소리소문없이 빠져 있는 일은 있을 수 없다. 나의 동료의 경우에는 휴직 전에 참여하고 있던 프로젝트는 경쟁력이 부족하다고 판단하여 없어졌지만, 육아 휴직 후 돌아와서는 다른 프로젝트에 자리를 받아서 계속 근무할 수 있었다. 여직원들만 이용할 수 있는 휴게실은 때론 정말 눈물 나게 고마울 때가 있다(여자들은 모두 다 알 것이다.). 이런 세심한 배려라니.

물론, 이렇게 말한 것이 모든 게임 회사에서 적용되는 것은 아니다. 그러나 현재 규모가 큰 게임 회사들은 모두 이렇게 직원들을 위해서 복지 정책을 만드는 것을 당연하게 생각하고 있고, 그렇게 선례를 만들어두었다. 게임 회사에서 인력이 중요하다는 것은 누구나 다 알고 있다. 그래서 현재 규모가 작아서 복지 정책을 미처 실행하지 못하는 회사들도 어느 정도 규모가 커지면 모두 이렇게 할 의지가 있는 것이다.

> 게임 회사 좋은 회사다.
> 걱정하지 마시라.

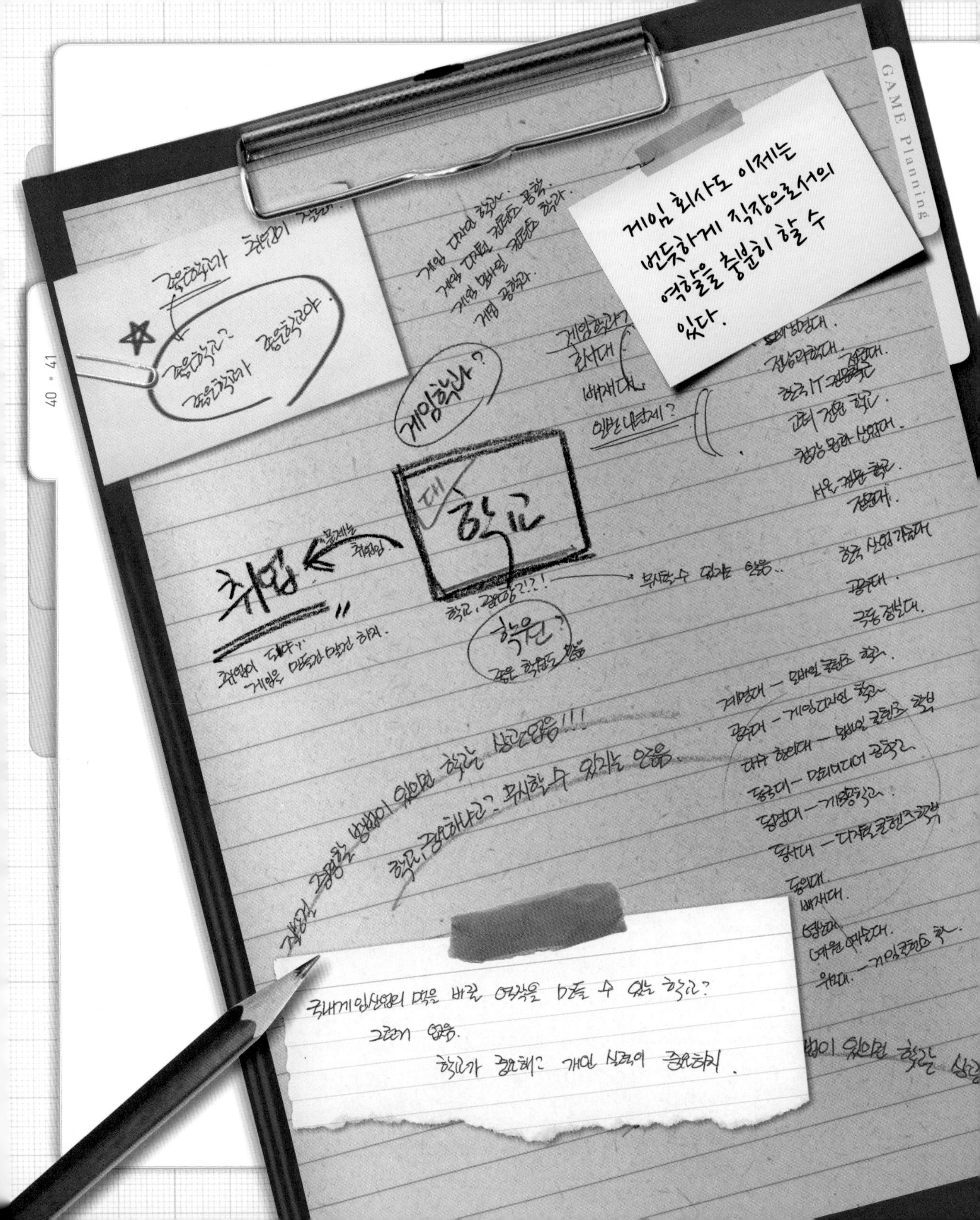
게임 회사도 이제는
번듯하게 직장으로서의
역할을 충분히 할 수
있다.
취업
학교
국내게임산업의 미래를 바꿀 역작을 만들 수 있는 학교?
그런거 없음.
학교가 중요하긴 개인 실력이 중요하지.

취직이 잘 되는 학교

내가 게임 회사에 들어간 지 얼마 되지 않아,
아버님 집에 갔을 때, 아버님께서 말씀하셨다.

"회사 옮겼다며?"
"네."

"그래, 옮긴 회사는 어떤 데냐?"
"게임 회사입니다."

"게임 회사? 아니 언제까지 그런 데를 다닐 거냐.
이젠 제대로 된 회사에 들어가야지?"

거기 큰 회사죠?
그런 회사 들어가려면 어떻게 해야 해요?

그래, 그땐 게임 회사라는 것은 '제대로 된 회사'가 아니었다. 전 직원이 4명인 회사에 다닐 때에도 '그래 취직했으니 열심히 다녀야지.'라고 말씀하셨었는데, 전 직원이, 그것도 정직원만 300명이 넘는 게임 회사에 다닐 때에는 '제대로 된 회사'가 아니었다.

하지만, 요즘은 지나가다 들어가는 약국에서도 '게임 회사에 들어가려면 어떻게 해야 해요?'라는 말들을 듣는 걸 보면 세상이 많이 변하긴 변한 것 같다.

어르신들에게는 '게임' 회사라는 것보다는 '큰' 회사라는 것이 좀 더 와 닿는 것이다. 물론, 틀린 생각은 아니다. 어쨌건 먹고살기 위해서는 월급이 제때 나와야 하고, 그러기 위해서는 큰 회사가 단연 유리하기 때문에 내가 '큰 회사'에 다닌다는 것을 아시는 친지분들이나 동네 사람들(?)에게서도 심심찮게 듣곤 한다.

그리고 뒤따르는 질문 하나, "그런 회사 들어가려면 무슨 학교를 나와야 해요?" 그러면 난 자신 있게 대답한다.

"SKY Seoul Univ., Korea Univ., Yonsei Univ. 를 나오면 유리하죠. 카이스트도 좋습니다."

좋은 학교는 진리다. 학교로 줄을 세우는 곳에서는 누구나 다 '좋다'라고 말하는 학교가 단연 유리하고, 현업 개발자들 중에도 누구나 다 인정하는 '좋은' 학교 출신들이 상당수 된다.

학벌이라고 하는 것이 그 사람에 대해서 판단할 수 없을 때, 서류에 적힌 몇 줄의 글로만 사람을 판단해야 할 때, 꽤 좋은 기준이 되어준다. 자기가 원하는 회사에 취업을 하고 싶으면 좋은 학교를 나오는 게 몇백 배는 더 유리하고, 게임 회사 또한 예외는 아니다. 객관적으로 가장 쉽게 사람을 줄 세울 수 있는 기준이 바로 학벌이기 때문이다.

좋은 학교를 나왔다는 것은 최소한 한 가지는 보증한다

명문대를 나왔다는 것, 학벌이 좋다는 것은 그 학교에 들어가기 위해 동일한(적어도 그렇게 보이는) 기준 아래에서 노력했고 자신이 더 낫다는 것을 증명한 것이다.

무언가를 미치도록 몰두해서 그 성과를 본 적이 있는 것이다.
당신이 회사 입장이라면 당연히 그런 사람을 뽑지 않겠는가!

소위 말하는 좋은 학교, 취직이 잘 되는 학교를 나오게 되면 유리한 출발점에서 시작할 수 있기 때문에 그 많은 부모님들과 학생들이 좋은 학교에 들어가기 위해 돈과 시간과 청춘을 쏟아붓는 것이다.

좋은 학교 출신만을 선호하는 것은 아니지만

게임 회사에서도 좋은 학교를 나오면 일단 서류 심사에서 통과할 가능성이 높으며, 서류를 통과하여 면접까지 갈 가능성이 높다.

면접까지 가게 되면 텍스트로는 보여줄 수 없는 나에 대해 좀 더 직접적으로 설명할 수 있는 기회가 주어지고, 여기에서 내가 얼마나 똘똘하며 얼마나 창의적인지 알릴 수 있으며, 나를 놓치면 후회할 것이라는 강한 이미지를 심어 줄 기회가 생기는 것이다.

게임 회사가 다른 회사들과 조금의 차이가 있다면 좋은 학교 출신만을 선호하는 것은 아니라는 것이다. 지원 자격에 회사의 기준을 제시한다거나('서울, 경기권 이내의 4년제 대학 졸업자들만 오세요.'라는 건 절대 없음), 외부에 공개하지 않은 내부만의 기준으로 특정 학교 출신들은 이력서가 접수되자마자 떨어진다거나 하는 일은 절대 없다. 왜냐하면, 좋은 학교 출신들이 모두 좋은 인재들일 수는 없다는 것을 잘 알고 있기 때문이다.

아이러니하지만, 게임 회사에서 학력을 중요하게 생각하지 않는 이유는 1세대 개발자들이 대부분 좋은 학교 출신들이기 때문이다. 왜냐하면 그들은 좋은 학력이라는 게 조금은 도움이 되지만, 결국 그 사람에 대한 능력을 모두 보여주는 것이 아니라는 것을 제일 잘 알고 있다.

게임 회사는 철저하게 실력 위주로 사람을 뽑으며, 실력 있는 자들만이 살아남을 수 있다.

국어, 문서 작성의 기본

독해, 문법, 말하기 등… 국어는 기본이다.
게임 기획, 게임 디자인의 기본 업무 스킬은 문서 작성이다. 문법에 맞춰

"소위 말하는 좋은 학교를 졸업한 사람들은 무언가 한 번은 자신의 목표를 위해 전력으로 노력했다는 것을 증명한다."

글을 쓰는 것도 기본이지만 간단명료하면서 효과적으로 내용을 정리하는 글쓰기의 기술도 기본이다.

국어를 잘한다는 것은, 결국 말을 잘 알아들으며, 긴 문장에서 핵심이 무엇인지 파악하고, 상대방의 많은 말 중에서 정말 하고 싶어 하는 말이 무엇인지 말의 본질을 빠르게 파악할 수 있다는 것으로, 이것이 바로 국어 실력의 힘이다. 하나의 현상이 발생했을 때, 그 현상의 본질이 무엇인지 곧바로 파악할 수 있어야 게임 디자인의 방향을 제대로 파악하고 어디가 문제인지 파악해서 해결할 수 있다. 또한, 말로 먹고사는(?) 이들에게 대화의 기술Communication은 필수적인 능력이며, 이는 곧 실질적인 업무 능력으로 나타난다.

국어의 기본기가 없는 이들은 문서를 제대로 쓸 수 없으며 그 문서를 읽는 이가 쉽게 이해할 수도 없을 것이고, 또한 오타의 남발은 문서 작성자를 신뢰할 수 없게 할 것이다.

수학, 무시할 수 없는 과목

수학, 절대 포기하면 안 된다.
컴퓨터 게임을 만드는 모든 개발 행위는 데이터로 이루어져 있고, 이것은 모두 숫자들과 연관되며 계산으로 이루어진다. 수학을 모르는 자는 절대 게임을 만들 수 없다.

여기서 말하는 수학이란, 수학 공식을 달달 외우고 있는 것을 의미하는 것이 아니라 공식을 증명할 수 있는 논리력을 말하는 것이다. 수학 공식을 증명할 수 있다는 것은 그 논리적인 길을 찾을 수 있다는 것으로, 게임은 다른 이에게 게임에 관련해 설명하는 것에서부터 데이터를 관리하고 게임을 구현하는 모든 것이 논리적인 방법으로 이루어진다.
실제로 필요한 공식(?)은 사칙연산이면 대부분 충분하지만 통계와 확률은 반드시 알아야 한다.

게임 디자인에서 통계는 매우 중요하다. 어설픈 시장 조사의 통계 수치에 휘둘리지 않으려면 통계를 자유자재로 다룰 수 있어야 하고 통계의 핵심을 파악할 수 있어야 하며, 게임 내에서 일어날 수 있는 많은 일들을 예측하려면 확률을 알아야 한다.

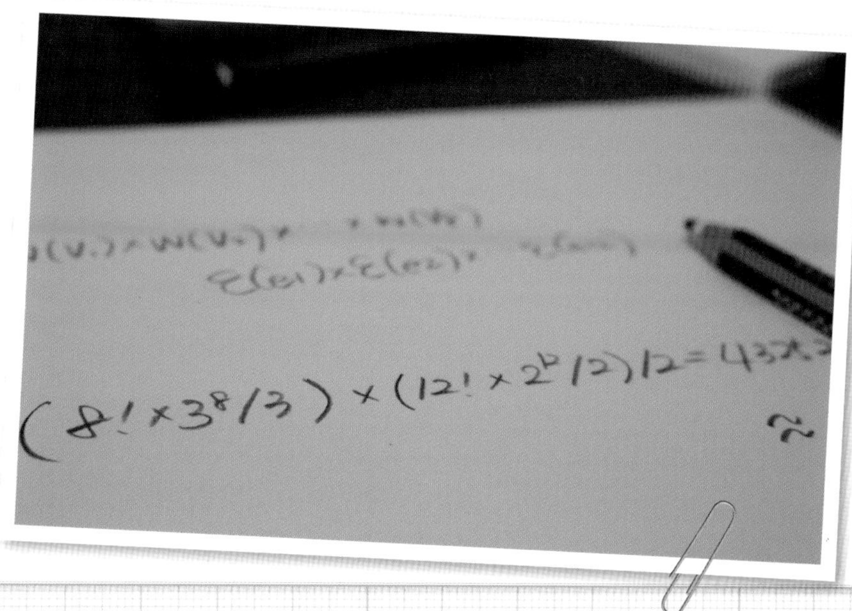

외국어, 사고의 폭을 넓혀준다

영어도 좋고, 일어도 좋다. 외국어는 알고 있으면 여러 면에서 많은 도움이 되는데, 게임 시장은 매우 다변화하는 시장이라고 할 수 있기 때문에 국내 시장뿐 아니라 해외 시장에 대한 정보를 꾸준히 살펴보면 많은 도움이 되며, 이를 위해서 외국어 하나를 알고 있는 것은 필수라 하겠다.

한국의 게임 산업이 많이 발전되어 있는 것은 사실이며, 여러 게임의 분류 중에서도 특히 온라인 게임에 대해서는 외국에서도 인정하고 있고, 한국 온라인 게임에 대해서 조사하기도 한다. 자랑스러운 일이지만 그렇다고 자만할 수만은 없는 것이 그들은 언제든지 우리를 앞질러 나갈 수 있기 때문이다. 외국 개발자들의 장점은 자신들이 개발하는 과정이나 자신들의 게임에 대해서 '잘 정리한다'는 것이다. 그들이 정리해놓은 것을 보면 우리도 모두 알고 있는 내용들이지만 외국의 기사들을 보면서 다시 생각을 정리하는 경우도 많다.

그리고 만들면서도 왜 그렇게 되었는지 기본 원리 등을 잘 모르고 진행하는 경우도 있지만, 외국의 개발자들은 잘되었다면 왜 잘되었는지, 실패했다면 왜 실패했는지를 연구해서 깔끔하게 정리를 해놓는다. 외국어를 안다는 것은 그러한 그들의 정리를 살펴보기에 너무나도 유용한 기술이다.

"
게임 회사를 무시하지 말라.
게임 회사에 들어오기 위해서는
기본에 충실해야 한다.
기본이 없는 이들을
용감하게 뽑아줄 회사는 없다.
"

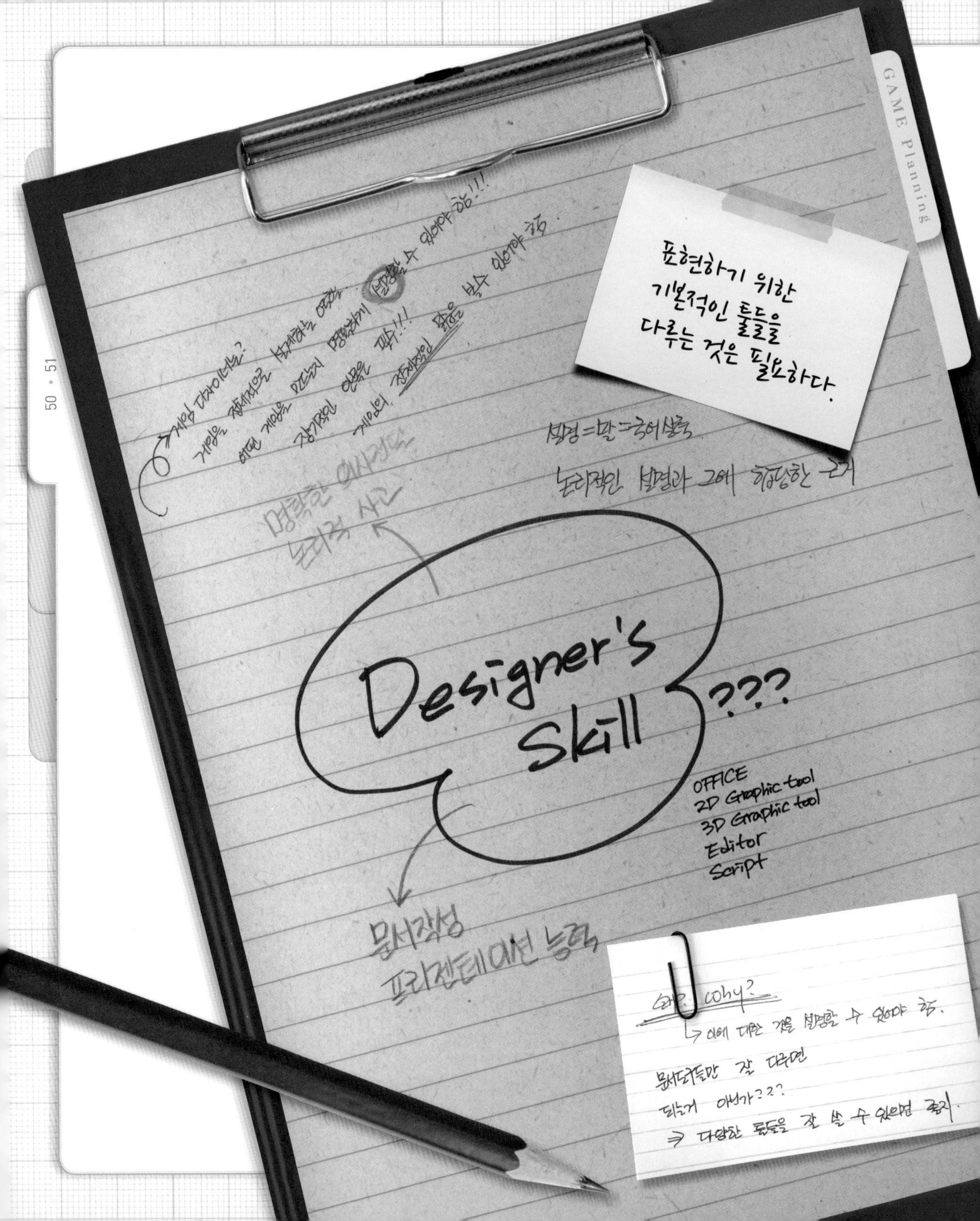
GAME Planning
표현하기 위한
기본적인 툴들을
다루는 것은 필요하다.
논리적인 설명과 그에 합당한 근거
명확한 의사전달
논리적 사고
Designer's
Skill
???
OFFICE
2D Graphic tool
3D Graphic tool
Editor
Script
문서작성
프리젠테이션 능력
why? why?
이에 대한 것을 설명할 수 있어야 함.
문서도구들만 잘 다루면
되는거 아닌가???
다양한 툴들을 잘 쓸 수 있으면 좋지.

게임 디자이너에게 필요한 기술

"게임 디자인을 하려면 뭘 할 줄 알아야 해요?"
"이것저것 다 할 줄 알면 좋지."
"아니, 그런 거 말고요. 회사에서 사람을 뽑을 때,
뭔가 뽑는 기준이 있을 거 아녜요. 이런 거 할 줄 아는 사람…."
"똑똑하고 창의력이 있어야 하지."
"아니, 처음에 신입 뽑을 때, 창의력이 있는지 똑똑한지를 어떻게 구별해요.
이게 무슨 호그와트의 기숙사 배정모자Sorting Hat도 아니고."
"뭐, 그거야 그렇지. 그건 같이 일해봐야 알지."
"그럼, 선배가 만약 신입을 뽑는다면
'제발 이것만은 좀 할 줄 알고 와라.'라는 거 있어요?"
"음… 없지는 않은데…."

게임 디자이너에게 유용한 기술

그럼, 게임 디자이너로 취업을 하려면 뭘 할 줄 알아야 할까?
회사에서 말하는 자격 요건들은 단순하면서도 막연한 조건들이다.

어느 회사나 '적극적이고 창의적이며 진취적인 인재'를 뽑고 싶어 하며, 이러한 인재는 굳이 게임 회사, 게임 디자이너가 아니라고 할지라도 사람을 구할 때는 항상 바라는 바이다. 신입이 적극적이지 않다면 어떤 회사라도 환영하지 않을 것이다. 이런 기본적이고 당연하지만, 막연해서 눈에 드러나지 않는 것 말고도 눈에 보이는 기본적인 기술들도 당연히 있는데, 너무나 당연하기 때문에 누구나 다 알고 있음에도 불구하고, 의외로 간과하고 있는 부분들이기도 하다.

누구나 당연하게 알고 있는 가장 기본적인 기술은 워드, 엑셀, 파워포인트의 오피스 3종 세트를 능숙하게 다루는 것이다. 셋 다 기본이 텍스트이기 때문에 프로그램을 실행해서 타이핑만 할 수 있으면 된다고 생각할 수도 있겠지만, 그렇지 않다.

워드, 제대로 익혀서 써먹자

워드 프로그램은 메모장과는 다르다. 글을 입력하고 편집하기에 편리한 기능들이 있으니 이를 잘 알고 활용하도록 하자.

서식 메뉴를 잘 활용해서 글자의 모양, 크기, 행간 등만 잘 써도 훨씬 가독성이 좋은 문서를 만들 수 있다. 문서의 목적은 '읽혀지는 것'이고, 빽빽한 텍스트 내용보다는 적당한 여백을 잘 사용하는 것이 훨씬 읽기에 편한 문서가 된다. 때로는 제목에 음영색만 넣어도 훨씬 보기 편하며 핵심을 잘 표현하는 문서가 만들어진다. 보기에 편한 문서를 작성하기 위해서는 글꼴 관련 메뉴만이 아니라 단락 관련한 메뉴도 익혀서 자유자재로 사용할 수 있으면 더 유용하게 사용할 수 있을 것이다.

문서 서식을 만드는 것도 알면 편리하다.

워드 프로그램은 대부분 스타일, 혹은 문서 서식을 만들 수 있도록 되어 있으며, 이런 문서 서식을 만들어놓으면 문서를 보는 사람들도 문서를 관리하는 사람들도 꽤 편해진다. 일단 단락을 자동으로 지정해놓기

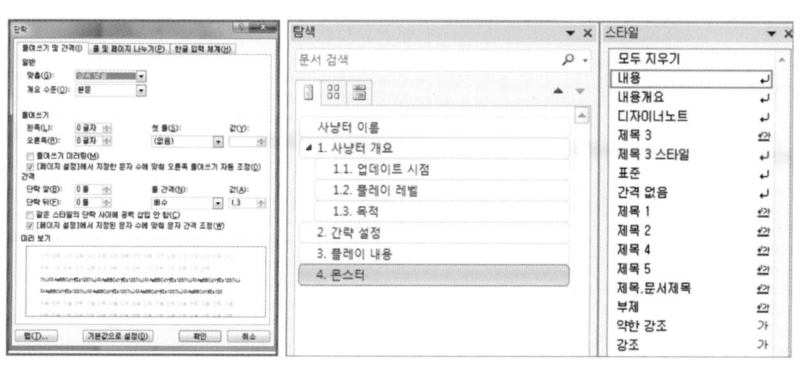

좌측은 서식 메뉴이며, 우측은 문서 구조이다. 문서 서식을 쓰면 문서 구조를 보기에 편리하다.

때문에 별다른 목차를 만들지 않아도 문서 구조를 볼 수 있고, 문서 서식에 맞는 서식들도 편리하게 변경할 수 있다.

문서에 메모를 달 수 있는 기능은 혹시 아는가?
문서를 여러 명이 주고받으면서 작성하게 되는 경우도 많고, 피드백feedback 등을 주고받거나, 앞으로의 일에 대한 계획을 세우기 위해서 문서에 메모를 남기게 되는 경우가 많다. 예전에는 문서를 프린트해서 접착식 메모지 등을 붙여놓거나 손으로 글씨를 써두었지만, 이제는 모든 문서들이 파일로 관리되고, 문서 작성에 관련한 히스토리들도 남겨두게 된다. 그래서 문서에 메모를 남기는 것은 자주 사용하는 기능이다.

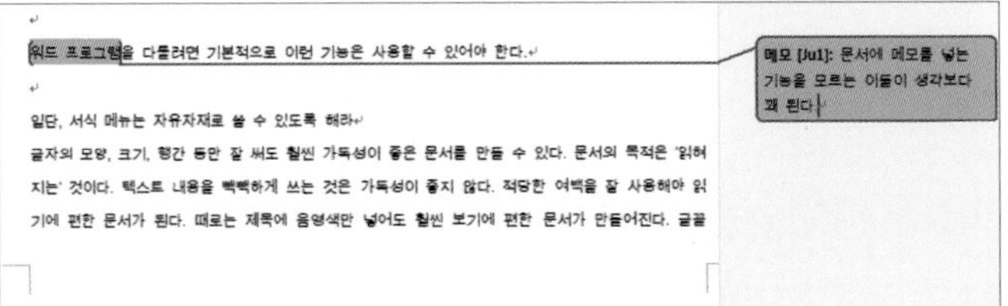

엑셀, 중요한 도구

엑셀을 자유자재로 사용할 수 있다는 것은 아주 유용하다.
엑셀을 쓰는 기본적인 이유는 '예쁜' 문서를 만들기 위해서가 아니라 '데이터 관리'를 위함이다. 엑셀은 여러 가지 장점이 있지만, 가장 훌륭한 장점은 그것이 행과 열로 구성된 스프레드시트Spread sheet라는 것이다.

엑셀의 장점을 잘 파악하고 엑셀을 능숙하게 다룰수록 작업의 효율성

“

어떠한 프로그램이라도
하나를 제대로 다룰 수 있다면
같은 목적의 여러 가지
다른 프로그램들도
손쉽게 다룰 수 있다.

”

은 올라가게 된다. 게임 디자이너들은 워드보다는 엑셀을 더 많이 사용하는데, 그 이유는 수많은 데이터 관리를 해야 하기 때문이다. 컴퓨터 게임이라는 것은 수많은 데이터들로 이루어져 있고, 프로젝트마다 다소 차이는 있겠지만, 그 많은 데이터들을 관리하는 것은 게임 디자이너들의 몫이다. 엑셀을 사용할 때, 어떻게 사용하는 것이 가장 효과적인지를 고민한다면 소모적인 단순 작업을 위해서 시간을 많이 쓰는 일이 줄어들 것이고 작업 효율도 올라가게 될 것이다. 머리가 나쁘면 손발이 고생한다는 말은 괜히 있는 말이 아니다.

엑셀의 모든 메뉴는 모두 유용하게 사용할 수 있는 것들로 숙지하면 몸이 편해지고 야근 시간을 줄여줄 것이다. 소모적인 데이터 관리 시간이 줄어든다면 그만큼 게임에 대해서 더 많이 생각할 수 있게 된다.

엑셀에서 매크로를 쓸 수 있으면 여러 가지로 편리하다.
역시 데이터 관리의 연장인데, 굳이 매크로Visual Basic를 쓸 줄 몰라도 모두 한 땀 한 땀 다 할 수 있는 일들이지만 참고해야 하는 파일들이 한두 개도 아니고, 다뤄야 하는 데이터들도 수백 개이기 때문에 하루 걸릴 일을 매크로를 사용한다면 5분 만에도 끝낼 수 있게 된다. 또한, 매크로를 이용하면 간단하게는 데이터를 관리하는 데에서부터 게임 데이터의 일종인 스크립트 생성이나 간단한 시스템적 오류들도 찾아내서 수정할 수 있으니 아주 유용한 도구라 하겠다.

사실 매크로는 오피스에서 모두 사용할 수 있지만 실질적으로 가장 많이 사용하는 곳은 엑셀인 것 같다. 엑셀에서만 잘 사용해도 작업하는데 크게 도움이 될 것이다.

매크로(macro)의 정의
여러 개의 명령을 묶어 하나의 명령으로 만든 것. 여러 개의 명령을 수행하는 반복적인 작업에서 하나의 매크로 명령만으로 효과적인 작업을 수행할 수 있다.

Visual Basic
엑셀의 매크로는 Visual Basic 언어로 만들 수 있다.

문서 툴 외의 그래픽 툴도 다룰 줄 알아야 한다

포토샵이나 일러스트레이터, 페인터 등의 그래픽 툴 하나 정도는 사용할 수 있어야 한다.
문서를 글자text만으로 구성할 수는 없기에 필요한 그림들을 넣거나 수정Editing하기에도 쓸모가 많지만, 그래픽팀과 커뮤니케이션하기 위해서도 필요한 경우가 자주 발생한다. 특히, 레이어Layer의 개념은 꼭 알아둬야 한다.

추가적으로 3ds max나 스케치업Sketch-up등의 모델링 프로그램을 다룰 수 있으면 도움이 된다. 요즘의 게임 제작에서는 3D의 입체적인 그래픽이 대세이고 이러한 모델링 프로그램의 원리를 알고 있으면 그래픽 작업에서 많은 부분을 이해할 수 있게 된다.

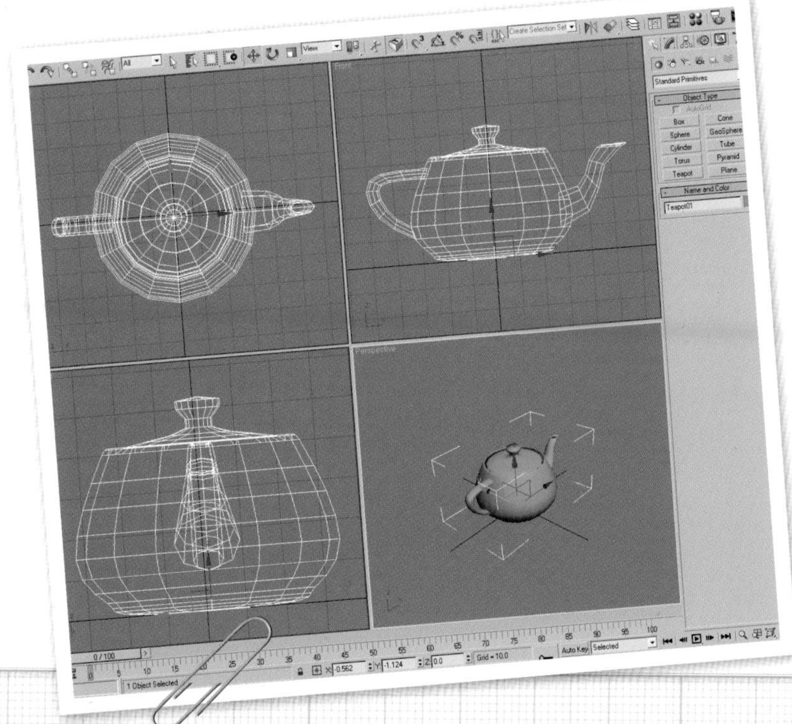

Flow Chart......

플로 차트Flow Chart는 다른 말로 '순서도'라고도 하는데, 발생하는 일과 조건들을 순서대로 나열한 일종의 '표'이다. 데이터들의 흐름과 기준을 판단해야 하는 시점에 대해 한눈에 설명하기에도 좋고, 자신이 세운 계획의 수정과 약점들을 파악하기에도 유용하다. 플로 차트를 그리는 일은 자주 발생하며, 누가 보기에도 편하고 직관적인 플로 차트를 그리는 자신만의 노하우를 갖고 있으면 좋다. 플로 차트를 그릴 수 있는 프로그램은 여러 가지가 있고 회사마다 여러 가지 프로그램을 구매해서 갖고 있지만, 하나의 프로그램을 익혀두면 다른 프로그램을 다루는 것도 어렵지 않을 것이다. 물론, 이력서에는 자신이 사용할 수 있는 프로그램을 명시해두는 것이 좋다.

게임 디자이너에게 필요한 기술들을 살펴보면 게임 개발을 하는 사람들이라면 누구나 할 수 있어야 하는 기본적인 기술들이 대부분이다. 게임 디자이너들에게는 툴Tool 하나를 다루는 것보다는 무엇을, 어떻게 생각하느냐가 훨씬 중요하고 여러 가지 도구를 다루는 기술들은 모두 그 생각을 표현하기 위한 수단일 뿐이다.

그리고 무엇보다도,
게임을 재미있게 즐겨라.

GAME Planning
게임은 문화 콘텐츠이며
종합 예술이다.
다양한 방면의 지식이
모두 필요하다.
programmer
graphic
Game Master
QA
GAME DESIGNER
movie
writer
Scenarist
Animator
다양한 분야의 사람들이
게임 디자이너로 모인다.
⇒ 대체 뭘 잘해야 되는거냐.
→뭐든지 잘하는 게 있으면 된다.!!!

다른 분야에서 인정받아라

"게임 회사에 들어가고 싶은데, 그림도 잘 못 그리고,
모델링을 할 줄도 모르고, 프로그래밍도 할 줄 모르고…
게임 디자인 쪽으로 지원해볼까 봐."

"너 같은 사람들 때문에 게임 디자인이 발전이 없는 거야."

"하지만 실제로 게임 디자인 쪽은 필요한 스킬이 없잖아?
워드 프로그램 다룰 줄 모르는 사람도 없고.
게임 좋아하고 잘하면 되는 거 아냐?"

"세상에 게임 싫어하는 사람이 어딨어? 노는 건 누구나 다 좋아하지.
그럼 누구나 다 게임 디자이너 하게?"

제일 만만한 게 게임 디자인

- MS 오피스(엑셀, 워드, 파워포인트) 활용 능력
- 다양한 장르의 게임에 대한 깊이 있는 플레이 경험
- 문법/어법에 맞는 표현력과 문장/글쓰기 능력
- 기승전결을 갖춘 이야기 구성력 및 논리적인 사고력
- 게임 분석을 통한 역기획서 작성 및 새로운 아이디어 제안 능력
- 원활한 커뮤니케이션 능력

우대 사항
- 아마추어 게임 개발 프로젝트 수행 경험
- 전산, 컴퓨터 공학, 통계학, 수학, 물리학 관련 전공
- 스크립트 툴 활용 능력
- 게임의 깊이 있는 플레이 경험

(N사의 게임 디자인 지원 자격 중 일부)

'게임 회사에 들어가고 싶은데, 그림도 잘 못 그리고, 그래픽 툴도 다룰 줄 모르고, 프로그래밍도 할 줄 모르는데, 게임 디자인으로나 지원해볼까?'

애석하지만, 이런 생각을 갖고 게임 디자인을 지원하겠다고 생각하는 이들이 상당수 있었다. 게임 회사에 들어오고자 하는 이들의 절반 이상이 게임 디자인 지원이라는 웃지 못할 농담도 있었다.

이렇게 생각할 수도 있는 것이, 프로그래머나 그래픽 디자이너들과는 달리 게임 디자이너들은 딱히 필요한 기술Skill이 없는 것처럼 보이기 때문일지도 모른다. 오피스 프로그램이야, 누구나 한 번 만져보면 쓸 수

있는 것이고(아, 물론 컴퓨터에 익숙한 이들이라는 전제는 붙지만), 워드 프로그램이나 프리젠테이션 프로그램 등은 요즘 학교에서 과제 제출할 때에도 한 번쯤은 써보는 것이니 특별할 것도 없다.

문서 만드는 걸로 먹고 살려면 물론 그보다는 좀 더 능숙하게 오피스 프로그램을 사용할 수 있어야겠지만, 그것도 개인의 편리함 때문이지 필수적이라고 말할 정도는 아니다. 실제로 취업하는 이들을 보면 정말로 기본적인 기능만 충실하게 알고 오는 이들도 많다. 오피스 프로그램 다루는 법 따위는 필요한 기능을 사용해보면 쉽게 익숙해지고, 필요한 툴을 잘 다루지 못하는 이들이 게임 디자인을 못한다고 단언할 수 없어서 필요한 프로그램을 능숙하게 다루는 것과 게임 디자인의 능력은 큰 상관이 없어 보이기도 한다.

게임 디자인을 하려면 모든 것을 넓고 깊게 알아야 하고, 많은 것을 할 줄 알아야 하지만 눈에 보이는 특별한 기술이 없어 보이니 처음 시작하는 이들에게는 이 분야가 만만해 보이는 것일지도 모르겠다.

모든 것을 다 할 줄 알아야 합니다

'이것만 할 줄 알면 됩니다.'라는 눈에 보이는 스킬이 없기 때문에 취업 문턱이 낮은 듯 보이기도 하지만 오히려 회사 쪽에서는 게임 디자인에 맞는 사람을 찾기 위해서 고심한다. 지원자는 넘쳐날 정도로 많지만, 실제로 욕심이 나는 인재는 구하기 어렵기 때문이다.

그리고, 지원자들 입장에서도 비슷한데, '이것만 할 줄 알면 취직할 수 있겠지.'라는 것이 없으니 '대체 뭘 할 줄 알아야 입사할 가능성이 높아질까요?'를 고민한다.

자신이 마땅히 내세울 만한 게 없다고 생각되어 뭘 해야 할지 잘 모르겠다면 게임 디자인이 아니라 다른 분야에서 시작하는 것도 괜찮은 방법이다.
다른 분야에서 실적이 있다면, 게임 디자인 쪽으로 들어오기에 유리하고, 자신의 능력을 보여주기에도 용이하다. 실제로 프로그래머 출신이나 그래픽 쪽의 경험을 갖고 지원하는 이들도 상당수 되고, 게임 디자인에 대한 열의가 있어서 디자인팀으로 보직을 옮기게 되는 경우도 많다. 게임 디자인의 영역이라는 것이 게임이 개발되는 모든 과정에 대한 이해가 필요한 일이어서 다른 분야(프로그래밍, 아트)의 지식과 경험이 있는 것은 큰 장점으로 어느 정도는 필요한 요소라 하겠다.

게임 디자인, 게임 개발의 장점

프로그래밍을 하다가 디자인팀으로 오는 경우는 꽤 흔하게 발생한다. 게임이라는 것 자체가 프로그래밍으로 구성되어 있기 때문에 논리적인 구조 등에 대해 잘 알고 있으면, 구현할 때의 문제점이나 고려가 되어야 할 부분들에 대해서도 잘 파악할 있고, 구현하는 파트와 쉽게 소통할 수 있다는 장점이 있으며, 게임을 계속 만들다 보면 '이런 게임을 만들어 보고 싶다.'라는 생각이 들기 때문이다.

같은 이유로 아트팀에서 넘어오는 경우도 자주 발생한다.

아티스트들 중에서는 원화 파트에서 넘어오는 경우가 많은데, 원화는 일의 특성상 디자인팀과 이야기하는 경우가 많고 그러다 보니 디자인 쪽에 의견이 반영되는 경우도 자주 발생하고, 그러다 보면 디자인 쪽의 영역으로 조금씩 들어오다가 디자인에 욕심이 생겨 본격적으로 디자인 업무를 맡게 되기도 한다.

또한, 게임 디자인이라는 게 여러 방면의 지식들을 필요로 하기 때문에 굳이 프로그래밍/그래픽 분야가 아니더라도 다른 방면에서의 전문가들도 환영받는다.

QA Quality Assurance란 오류발견 및 테스트 업무로, QA 쪽에서 활동하다가 디자인팀으로 들어오게 되는 경우는 흔히 발생하는 일이다. QA나 GM Game Master, 게임운영업무들은 정직원인 경우보다는 아르바이트나 계약직인 경우가 많은데, 일도 많고 야근도 많아서 힘들기 때문에 사람들의 이동도 잦은 편이다. 하지만 경력이나 이력이 부족하다면, 게임 개발과정을 볼 수 있다는 점에서 QA나 GM을 하는 것도 좋은 경험이 될 수 있다.

QA 업무는 버그를 찾아내는 등의 단순 업무 외에도 게임의 느낌 등 사용자 User에게 공개되기 이전에 어떠한 반응이 나올지에 대한 의견도 제

말은 간단하지만 일 자체는 단순하지 않고 무엇보다도 많은 시간을 필요로 한다. 이들의 땀과 노력이 게임 개발에 많은 도움이 된다.

“
게임은 종합 예술이다.
다양한 경험을 했다면
다양한 경험을
플레이어에게 줄 수 있다.
하지만, 다른 분야에서
탁월한 경험이 있다고 할지라도
게임 디자인으로 옮기게 되면
새로운 마음가짐을 가져야 한다.
”

시하게 되는데, 당연히 회사 내에서는 사용자의 입장을 대변해서 이야기해주기 때문에 중요한 업무 중 하나이다.
하지만 게임을 개발하는 시각과 게임을 즐기는 시각은 큰 차이가 있다. 회사의 입장에서 사용자의 입장을 대변해주는 것은 반드시 필요하고 고마운 일이지만, 개발하는 쪽으로 업무를 옮기게 되면 이제까지 경험했던 것과는 다른 관점을 필요로 하고 요구할 것이다.

게임은 문화 콘텐츠

게임이 문화 콘텐츠인지라, 콘텐츠를 만드는 힘을 가진 인재들을 많이 필요로 한다. 사실 구현은 그다음이다. 뭘 해야 할지를 알아야 구현도 할 것이기 때문이다. 그래서 많이 탐내는 분야가 소설/시나리오 분야이다.

실제로 책을 집필한 경험이 있거나, 영화 시나리오나 애니메이션 시나리오 제작의 경험이 있는 이들도 게임 회사의 문을 많이 두드리고 있고, 게임 업계에서도 환영하고 있는 분위기다.

소설이나 시나리오를 쓰는 것과 게임을 만드는 것은 다른 일이지만 성격이 비슷한 일이기 때문에 '게임을 만드는 것에 대해서 이해를 하고 나면 시너지 효과를 낼 수 있지 않을까?' 하는 개발사의 기대심으로 이런 경험을 가진 인재들도 탐을 내는 것이다.

게임 내에서 설정이나 퀘스트를 만드는 일을 주로 맡는다.

게임을 개발한 경험이 없고, 게임 개발이 어떻게 이루어지는지는 잘 모르더라도 콘텐츠를 만들어본 경험이 있다는 것은 좋은 경험으로 회사에서 필요로 하는 경험자이다.

다양한 재능이 필요한 곳

게임은 즐거움을 위한 것이다.
영화를 보거나 소설을 읽는 등 여러 가지 방법으로 사람들은 즐거움을 느끼며, 사람들이 재미를 찾는 요소는 아주 다양하다. 그리고 이러한 다양한 요소들을 모두 담을 수 있는 것이 바로 게임이다. 게임은 사람들이 즐기는 한 요소만을 부각시킬 수도 있고, 다양한 요소들을 한 번에 담을 수도 있는 방대한 콘텐츠이다. 그리고 바로 그런 이유 때문에 게임을 만들기 위해서는 다양한 내용과 여러 분야의 재능 있는 사람들이 필요한 것이다.

즐거운 게임을 만들기 위해서는 만드는 사람들이 즐거워야 하고, 그것이 바로 가장 필요하면서도 중요한 재능일 것이다.

결론은 간단하다.
무언가
'난 이런 것은 잘합니다.' 라고
말할 수 있도록 준비해라.
회사는 그런 인재를
탐내고 있다.

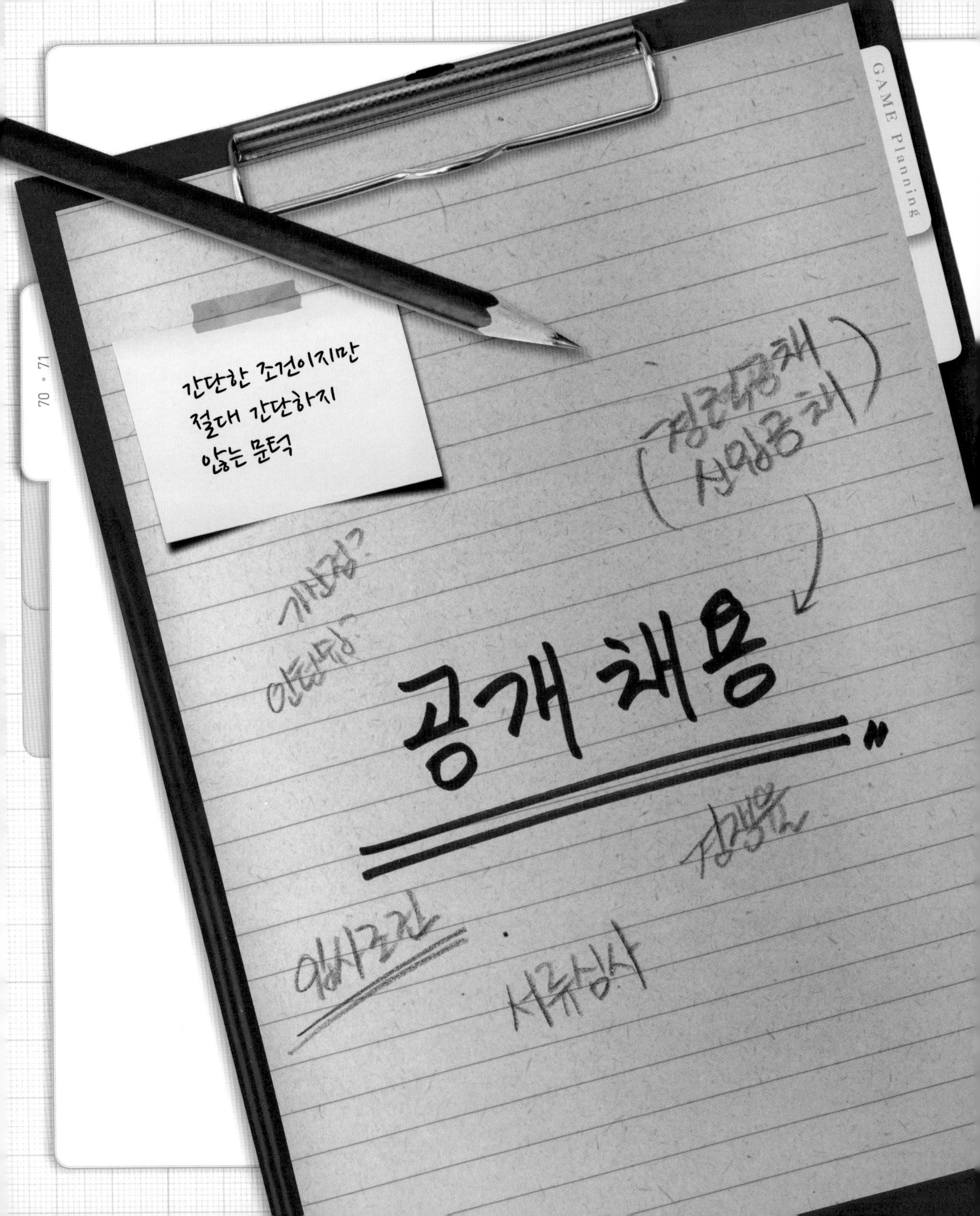

GAME Planning
70 · 71
간단한 조건이지만
절대 간단하지
않는 문턱
공개 채용

공개 채용

"너, 우리 회사 들어오고 싶다고 했지?"

"네."

"이번에 공채 있으니 접수해봐."

"와! 그럼 그 회사 들어갈 수 있나요?"

"…그런데, 경쟁률은 좀 높아."

게임 회사도 공채가 있습니다

공개 채용을 하는 회사들은 CJ E&M(넷마블), JCE(프리스타일), 넥슨컴퍼니-넥슨, 네오플, 게임하이, 넥슨모바일, 두빅(히트프로젝트, 컴뱃암즈 등), 드래곤 플라이(카르마온라인, 스페셜포스 등), 레드덕(아바 등), 스마일게이트(크로스파이어 등), 엔씨소프트(리니지, 아이온 등) 등의 회사들이 있다(2011년 공개 채용을 진행하는 게임 회사들. 자세한 것은 각 회사 웹사이트 참조).

회사에 들어가는 가장 간단한 방법은 공채, 즉 공개 채용에 응시하는 것이다. 물론, 게임 회사도 그런 방법이 있다.

여러 게임 업체들이 공채로 신규/경력 직원을 뽑는다. 일반적으로 1년에 1번, 혹은 2번 뽑으며, 신입 공채만이 아니라 경력 공채도 있어서 경력직 사람들도 노려볼 만하다.

흔히 게임 회사라고 하면 개방적이고 자유로울 것이라고 생각하는데, 공채 공지도 이런 편견에 일조한다. 게임 관련 학과/학교들이 있지만 특정 학과 졸업생만을 선호하지도 않으며, 나이도 불문이고, 다른 업종에서 활동을 하다가 게임 쪽으로 이직하고 싶은, 하지만 게임 쪽으로는 경력이 전무한 사람이라도 신입 공채로 지원할 수 있으며, 뽑힐 가능성도 있다. 오히려 다양한 경험을 해봤기 때문에 가능성이 높을 수도 있다.

게임 회사의 공채 조건들은 일반적인 회사들에 비해서 아주 간단하다.

일반적인 회사들의 신입 공채의 조건이라면, 가장 우선적으로 나오는 게 나이요, 그다음은 대학을 졸업해야 하고, 여기에 조금 더 자세히 가면 4년제 대학인지 2년제 대학인지도 기준으로 내세우며, 학점 평점도 요구하고, 어학 점수에 사회봉사도 요구할 것이다.

게임 회사의 조건은 쿨하다

하지만 게임 회사의 조건은 아주 간략하다. 졸업자일 것!!!
일부 회사는 고등학교인지 대학교인지 명시하지도 않고, 졸업 평점도 잘 묻지 않으며, 나이 정도는 묻겠지만 따지지는 않는다. 거의 이게 전부다. 아주 깔끔하다.

전문학사 이상 학위 취득 예정자
남자는 군필자 또는 군 면제자
장애인, 보훈대상자는 채용에 우대

엔씨소프트 2020년 신입사원 공개채용 자격요건
참고–엔씨소프트 웹사이트
(수시채용 공고에서는 학력 무관의 공고도 볼 수 있다.)

물론, 이 조건만 있지는 않다. 다른 조건들이 조금 더 붙긴 한다.

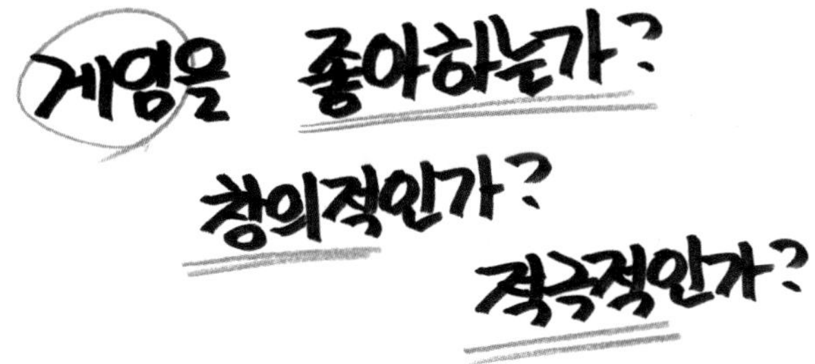

"
30살 신입도 볼 수 있는 게
게임 분야이다.
즉,
누구라도 환영하고
누구에게나 열려 있는
참으로 아름다운 동네인 것이다.
"

게임 회사의 공채 문턱은 아주 낮아서 갓 졸업한 젊은이들도 많이 지원하지만, 다른 업무 분야에서 활동하다가 게임을 개발하고 싶어서 직종을 바꾸는 이들도 많이 볼 수 있다. 30살 신입도 볼 수 있는 게 게임 분야이다. 즉, 누구라도 환영하고 누구에게나 열려 있는 참으로 아름다운 동네인 것이다.

게임 회사 공채의 문은 누구에게나 열려 있습니다

취업을 준비하는 이들에게는 아주 희망적으로 들릴 수도 있겠지만, 조금만 생각해보면, 취업 문턱이 낮다는 것은 많은 이들이 지원한다는 것임을 알 수 있다.

15년 전만 해도 게임 회사라는 것은 구석에서 이상한 녀석들끼리 모여 있는, 돈도 되지 않았지만 돈이 된다고 해도 어르신들의 눈에는 곱게 보이지 않았던 그런 곳이었다. 그러나 이제 게임 회사는 게임이라는 수식어를 걷어내도 훌륭히 '회사'라는 역할을 수행할 수 있는 번듯한 직업이요, 밥줄이다.

그리고 그런 역할을 해낼 수 있는 큰 회사들은 지속적인 수입을 벌어들이고 있으며, 월급이 끊길 걱정이 없기에 아주 좋은 회사들이다.

정장을 입어야 하거나 화장을 해야 하는 일반적인 외모의 기준을 강요하지 않기 때문에 다른 일반적인 회사들에 비하면 편하고 자유로운 회사 생활도 가능하다.

게임 회사의 문턱은 낮은 반면 일하기에 나쁘지 않은 회사이다 보니 사람들이 몰릴 수밖에 없다. 그래서 '다니기에 좋은 회사'인 게임 회사의 공채 경쟁률은 100대 1에 이를 정도로 인기가 높다(2015년 기준).

자, 이렇게 되면 게임 회사의 문턱이 낮은 게 대체 무슨 의미가 있는가? 수백, 수만 명의 사람들은 대부분 1차 '서류 심사'에서 떨어진다. '서류 심사'에서는 무슨 기준으로 사람을 고르겠는가. 서류에 써 있는 내용들, 소위 말하는 그 '스펙'으로 고를 수밖에 없는 것이다.

누구에게나 열려 있다고 아무나 들어갈 수 있는 것은 아니지만

스펙이 좋다고 일 잘하느냐고 묻는다면, 아니다. 다른 곳은 모르겠지만 게임 디자인 쪽은 스펙이 좋다고 절대 일을 잘한다고 말할 수는 없다. 하지만 그 무수한 사람들 중에서 우리에게 맞는 사람인지 일차적으로 선별할 수 있는 기준은 애석하지만 서류에 쓰인 글밖에는 없고, 이걸 기준으로 사람들을 선별해야 할 수밖에 없는 것이다.

게임 회사에서 요구하는 능력은 다른 회사와는 달라서 토익 점수가 높다고 순위권에 들어가는 것도 아니고, 출신 학교가 좋다고 순위권에 들어가는 것도 아니다.

굳이 말한다면, 출신 학교보다는 출신 학과를 조금 더 보고, 토익이나 토플 점수보다는 해외 연수 경험을 더 인정하며, 외국어 실력보다는 국어 실력을 더 인정한다. 특별한 경우가 아니면 굳이 사용도 되지 않는 외국어보다 항상 사용하는 국어 실력을 더 필요로 하고, 내실 없는 간판보다는 정말 이 사람이 무엇을 할 줄 아는지를 더 궁금해한다.

여기에 지원하는 분야에 대한 경험과 지식(?)이 있다는 것을 알면 조금 더 높이 평가한다. 즉 게임 개발이라면 게임 개발을 해본 경험을 조금 더 인정한다는 것으로 공모전 경력이 있다거나, 팀 프로젝트를 해본 적이 있다거나 하는 등 책상머리의 지식보다는 실제로 경험해본 것들을 더 인정한다는 것이다.

서류 심사의 한계

하지만, 그래도 서류 심사의 한계는 존재하며, 그것이 바로 스펙이다. 내가 아주 특별한 경험과 경력을 가질 확률은 아주아주 낮고, 내가 한 경험들은 나 혼자만이 해본 경험이 아닐 것이므로 내가 좋은 조건들을 가지고 있다고 할지라도 나와 비슷한 조건을 가지고 있는 사람이 여럿이면, 그 안에서는 역시 기본 스펙이 좋은 사람들이 선택되는 것이다.

스펙이 좋다고 게임을 잘 만드는 것은 아니고, 좋은 학교를 나왔다고 게임을 잘 만드는 것도 아니며, 게임 공모전에서 최우수상을 받았다고 게임을 잘 만드는 것은 물론 아니다. 들어와서 같이 일해보기 전에는 확신할 수 없다.

하지만 수많은 문서들을 보고 선별하면서 이 사람의 창의력이 대단한지, 일의 추진력이 좋은지, 게임에 대한 열정이 좋은지는 알 수 없으므로 '대략 이 정도면 뭐든 잘 하지 않을까?' 하는 생각으로 선택하게 된다. 보이는 것은 서류뿐이어서 그 안의 내용을 보고 선별할 수밖에 없기 때문이다.

그러니 공채에서 합격할 수 있는 요건은 객관적인 것들이므로 그러한 요소들을 갖추도록 노력해야 한다. 일단 서류 심사에 통과해야 직접 마주 보는 면접에서 나 자신을 보여줄 수 있는 기회를 가질 수 있게 될 것이다.

공채는 아주 어려운 관문이다.
문턱이 낮기 때문에 온갖 지원자가 모여들고 그 많은 지원자들을 꼼꼼하게 하나하나 세심하게 볼 수는 없기 때문에 기본적인 가이드라인도 올라가게 된다. 그 안에서 살아남아야 하는 것이다.

하지만, 공채에 통과했어도
팀 내에서
살아남는 건 더 어렵다.

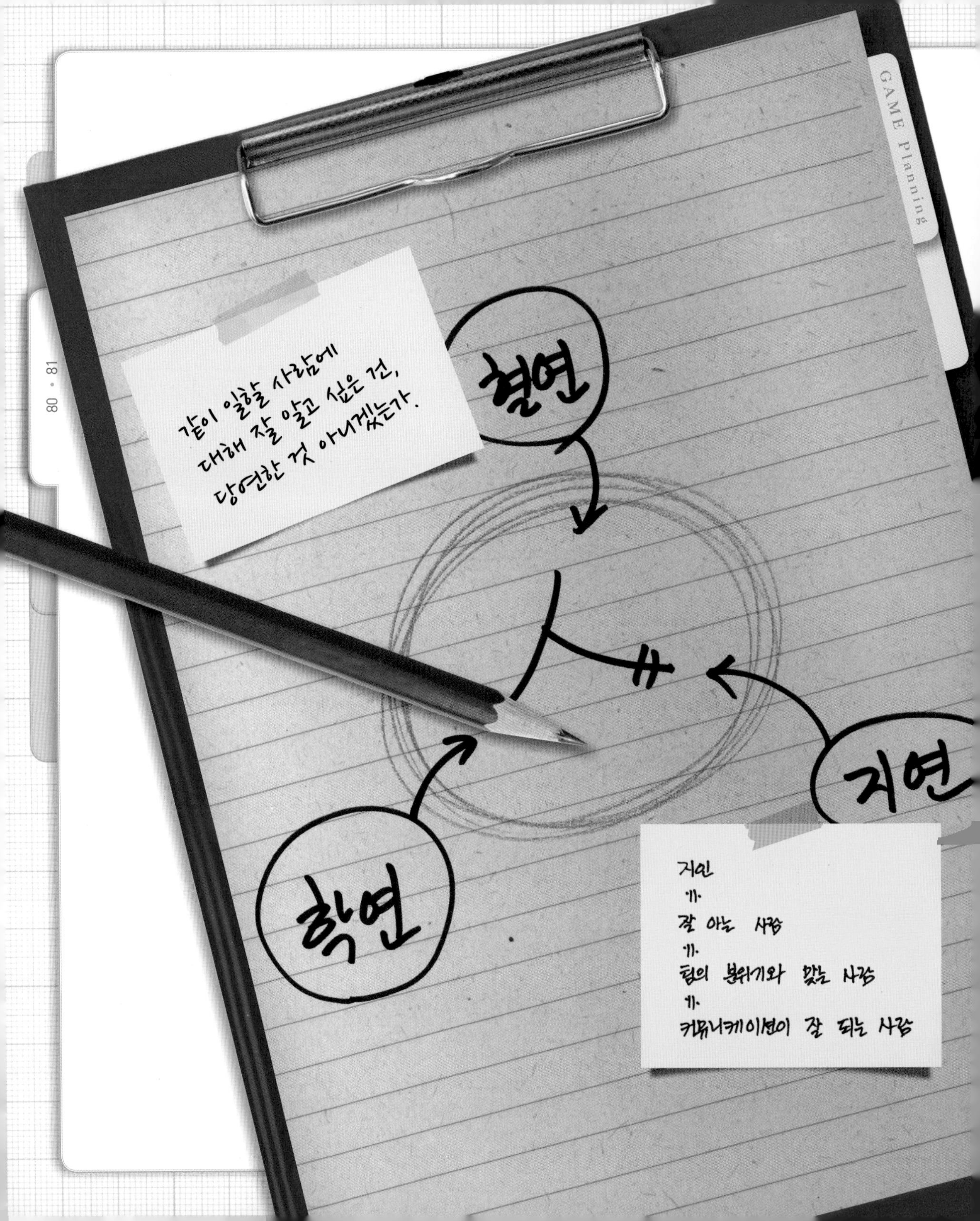
GAME Planning
같이 일할 사람에 대해 잘 알고 싶은 건, 당연한 것 아니겠는가.
혈연
지연
학연
지인
잘 아는 사람
팀의 분위기와 맞는 사람
커뮤니케이션이 잘 되는 사람

혈연/지연/학연

"게임 회사에 들어갈 수 있는 조건 중에
가장 중요한 것이 무엇입니까?"

"그것은 혈연/지연/학연이니라."

혈연/지연/학연

혈연과 지연, 학연을 멀리하라.

많이 들어본 말이다. 공정한 세상을 위해서라면 혈연, 지연, 학연에 연연해하지 말고 투명한 사회를 만들어야 한다는, 좋은 말이다.

하지만, 만약 당신이 게임 회사에 들어가고자 한다면, 주위의 혈연, 지연, 학연을 알아보는 게 제일 확실하다.

Table of Organization
인원 충원 계획을 말한다. 탐나는 인재라도 충원 계획이 없다면 사람을 뽑을 수는 없다. 게임 회사도 큰 규모의 회사일수록 이런 부분에 대해서는 경직되어 있지만, 개발이 진행되면서 인원의 필요성이 갑작스럽게 생기는 경우가 종종 발생하고, 그럴 때에는 수시 채용을 적극적으로 활용한다.

게임 개발팀에서 사람을 모으는 방법에는 공개 채용과 수시 모집(특별 채용은 아니기 때문에 특채라고는 하지 않는다.)이 있다. 수시 모집도 T/O가 나야만 사람을 충원할 수 있으며, 공개 채용과 수시 모집에서 실제로 사람이 충원되는 비율은 수시 모집이 월등하게 높다. 또한, 공개 채용은 일 년에 2번 있는 반면, 수시 모집은 최소한 일 년에 2번 이상은 있으며, 공개 채용은 경쟁률이 100대 1은 가뿐히 넘어가지만 수시 채용은 많아 봐야 몇십 대 1로 그냥 단순비교로 봐도 수시 모집이 공개 채용보다는 더 가능성이 높아 보인다.

자, 팀에서 인력이 필요하게 되어서 새로 T/O를 받았다고 하자.
이 자리에 필요한 이는 신입일 수도 있고, 경력직일 수도 있을 것이다. 그럼, 팀장은 우선 팀원들에게 메일을 돌린다.

“우리 팀에 새로 사람을 뽑게 되었습니다. 좋은 사람 있으면 추천해주세요.”

이런 상황이면, 팀장이나 팀원들은 주위에서 데려올 사람들이 있나 없나 찾게 되는데, 이들이 어디에서 찾겠는가?

혈연, 지연, 학연이 닿는 사람들에게서 찾을 수밖에 없다.
혈연은 요즘 형제들이 많은 것도 아니고, 사촌에 팔촌을 뒤진다고 해도 그 인력풀의 한계는 분명할 것이다.

그럼, 다음은 학연을 생각해볼 것이다.
다행히 게임 관련 학과를 나왔거나, 공대 관련 쪽을 졸업했다면 동기나 선배나 후배들을 잘 뒤지면 좋은 사람을 찾을 수 있을 것이다.

하지만, 게임과 직접적으로 관련이 있는 출신도 아닌 사람들은 어디서 찾겠는가?
그들은 지인들 중에서 마땅한 사람들을 고르기 시작한다. 같이 스터디를 했던 사람, 예전에 같이 개발했던 사람 등등 자신이 좋은 팀, 좋은 프

로젝트, 좋은 회사에 있다고 생각하면 더 적극적으로 자신의 주변의 사람들을 찾을 것이다.
이렇게 아는 사람들을(팀원들을) 총동원해서 그들의 혈연, 지연, 학연을 뒤진 다음에도 마땅한 사람이 나타나지 않으면, 그제야 회사의 인사팀에 연락해서 '수시 모집 공고'를 내달라고 하는 것이다.
이제, 이렇게 되면 사람을 뽑는 일도 정말 '일'이 되어버린다. 이제 이력서가 물밀듯이 밀려올 것이고, 그 이력서를 다 읽어보는 것만으로도 '일'이 될 것이기 때문이다.

사람을 뽑는다는 것은 정말 어려운 일

사람을 뽑는다는 것은 정말 힘들고 어려운 '일'이다. 물밀듯이 밀려드는 이력서를 읽는 것만으로도 그건 정말 '일'이지만 이력서와 자기소개서를 보고 그 사람에 대해 알 수 있는 것은 아주 작은 부분이다.

그냥 서류를 봐서는 알 수 없는 내용들이 많기 때문에 지인을 선호한다.

그렇게 해서 이력서 중에서 몇 개를 선별해서 면접 일정을 잡으며, 한 번 면접을 하는 데 잡는 시간은 30분에서 한 시간 정도로 면접에 참여하는 이는 적게는 2명에서부터 많게는 4명까지 들어간다. 즉, 그 시간 동안 그 4명은 실무 일을 못 하게 된다는 것으로 '버리는' 시간이 되어버린다.

일전에, 모 팀장님이 사람을 뽑을 때의 이야기를 해준 적이 있다.

“

내가 그 사람을
추천한다는 것은
그 사람에 대해
보증을 하는 것이다.

”

"이력서를 보니, 상용화 되어 있는 게임디자인팀장을 2년간 했다고 적혀 있어서 면접을 보기로 했지. 처음 개발할 때부터 참여했던 것은 아니지만, 그래도 디자인팀장을 했던 경력이면 어느 정도는 실력이 괜찮은 사람일 것 아니겠어? 그런데 면접을 보는데, 질문하는 것에 대해서 전혀 이해를 못하는 거야. 그냥 혼자 준비했던 것을 외우고 있는 것 같더라고. 기대했었는데, 그냥 시간만 버렸어."

열정,
선호하는 인재의 모호한 기준

게임 회사의 공채 기준이 간단한 것(처럼 보이는 것)처럼, 게임 회사에 들어가기 위한 명시적인 기준은 간단하지만, 이것은 뒤집어 말하면 눈에 보이지 않는 다른 필요 요건들이 많다는 것을 의미한다. 어떤 회사라도 '아무나 와도 됩니다.'라고 말하는 회사는 없기 때문이다.

눈에 보이는 기술들은 필요한 요건 중에 극히 일부분밖에 되지 않는다.

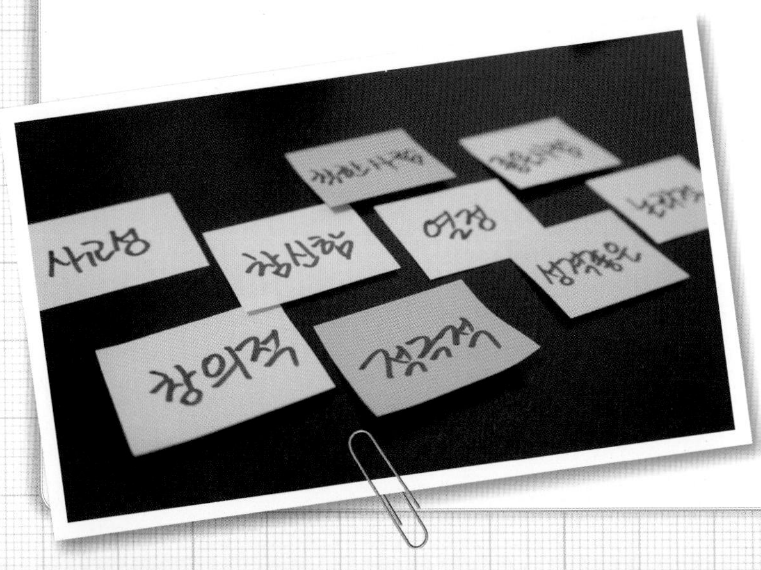

그것 외에도 그 사람이 일에 얼마나 열정이 있는지, 무언가를 배우고자 하는 의욕이 얼마나 있는지, 사람들이랑 잘 어울리면서 자신이 하고자 하는 것을 다른 이들에게 잘 설명하면서, 또한 다른 이들이 말하는 것을 얼마나 잘 이해하고 적용하려고 하는지는 그 사람에 대해 알지 못하면 판단할 수가 없다. 이런 사항들을 서류나 짧은 면접을 통해서 알기에는 너무 어렵고, 사람을 뽑는 것에 들일 수 있는 시간은 한계가 있으며, 뽑은 사람을 파악하는 데에는 또 시간이 들기 마련이라, 시간이 돈인 이 세상에서 그런 시간을 조금이라도 줄이거나 안전하게 사람을 뽑고자 하는 마음이 있기 때문에(어느 정도 그 사람에 대해서 파악하고 있고 검증이 된 이를 뽑고자 하기 때문에) 지인들 중에서 사람을 찾게 되는 것이다.

프로그래머나 그래픽 아티스트들은 작업한 결과물을 보면 매끄럽지 않더라도 함께 게임 개발을 할 수 있지만 게임 디자이너는 그렇지 않아서 같이 일을 해보기 전에는 그 사람에 대해 알기 어렵다.

게임 디자이너들에게 의사소통communication이란 아주 중요한 소양이 있다. 게임 디자이너들끼리 생각을 맞추는 것은 아주 중요하다. 그들 간에는 만들고자 하는 게임의 지향점이 같아야 하고, 서로 논쟁하여 그 지향점을 찾을 수 있어야 하며, 서로 싸우면서도 이해해야 하는 '한 팀'이 되어야 하는 것이다.

하지만 성격이 나쁘거나 게으르거나 고집이 세거나 심성이 나쁘거나 혹은, 표면적으로 잘 드러나지 않는 이러저러한 여러 문제점들은 같이 일하기 전에는 알 수 없는 법이다. 그래서 '추천'을 받고 사람들은 자신이 아는 범위, 즉, 혈연/지연/학연에서 사람을 추천하게 되는 것이다.

사람을 추천한다는 것은 가벼운 일이 아니다

'난 추천을 해줄 뿐, 뽑는 것은 뽑는 사람의 책임이다.'는 절대 아니다. 추천을 받아 입사한 사람이 일을 잘하지 못하고 문제가 생기게 되면, 추천해준 사람의 신용도 같이 하락하게 되고 추천해준 이의 '사람 보는 눈'에 대해서도 신뢰성을 잃게 되어, 추천자와 동반 하락하게 되는 것이다. 그래서 추천은 쉽게 할 수 있는 것이 아니다.

게임 회사에서 지인을 선호하는 것은 그 사람이 어떤 일을 할 수 있는가도 중요하지만 그 사람이 어떤 사람인지도 중요하기 때문이다. 게임을 개발한다는 것은 팀 작업이어서 팀원 각자의 능력도 중요하지만 함께 협력해서 일할 수 있느냐 하는 것도 아주 중요한 요건으로, 그 사람에 대해 잘 알려면 지인들로부터 소개를 받는 것이 그 사람의 사람됨에 대해서 더 잘 알 수 있는 것이다. 또한, 입사자의 경우도 들어가고자 하는 팀의 분위기나 팀 사람들에 대해 어느 정도 알고 갈 수 있으므로 뽑는 팀에게나 들어가고자 하는 사람에게나 서로 좋은 기회가 되는 것이다.

주위의 지인들을
잘 살펴보고 잘 관리해라.
이것은 신입으로 들어갈 때도
필요한 항목이지만
계속 일을 하면서도
필요한 항목이다.

게임기획 전문가 (게임국가기술자격증)

● 수행직무

게임 시나리오, 게임 이벤트 연출, 게임 시스템 설계 등 게임 기획 실무를 담당하며 게임 제작 준비단계를 수행하기 위한 게임 설계 업무수행

● 시행기관

한국콘텐츠진흥원

● 응시 자격

제한 없음

● 시험과목 및 검정 방법

시험과목		출제문항수	검정방법	시험시간
필기	1. 게임 제작 개론	10	객관식 4지 선다형	2시간 30분 (150)분
	2. 게임 콘셉트 디자인	30		
	3. 게임 시스템 디자인	30		
	4. 게임 레벨 디자인	30		
실기	게임 기획 실무	–	작업형	5시간

필기 합격 기준 : 응시 과목별 정답 비율이 40% 이상인 자 중에서, 응시한 과목의 전체 정답 비율이 60% 이상인 자

실기 합격 기준 : 총점 60점 이상인 자

게임국가기술자격검정 사이트(www.kgq.or.kr) 참고

아는 사람은 알고, 모르는 사람은 모르는 '게임기획전문가'라는 이름을 가진 국가 공인 자격증이 있다.
간혹, 이 자격증이 취업에 도움이 되는지 묻는 이들이 있는데, 이것은 주위의 사람들에게 물어보는 것보다는 취업하고자 하는 회사에 직접 알아보는 것이 더 확실하다. 인정해주는 곳도, 인정해주지 않는 곳도 있기 때문이다.

게임기획전문가 자격증의 탄생 배경은 이렇다.

90년대 후반, 게임을 즐기던 젊은이들이 게임 회사로 몰려들고 그런 인력들이 쌓이면서 게임 회사들이 많이 생겼다. 그전에는 게임이라고 하면 유아용 시장을 겨냥하는 게임이거나 교육용 게임밖에 없던 시절이었지만 80년대에 국내에도 조금씩 개인 컴퓨터가 보급되기 시작하고 컴퓨터를 즐기는 인구가 늘어나면서 컴퓨터 게임이라는 새로운 문화에 눈뜨게 되어 그 세대들이 20대가 될 무렵에는 자신들도 이러한 게임을 만들고 싶다고 생각하고 게임들을 만들기 시작하면서 게임 제작에 뛰어든 것이다. 그렇게 게임을 개발하고자 하는 인원들이 모여들고 게임 회사들이 생기고, 게임의 수익 구조에 대한 가능성들이 보이면서 게임 회사들도 여러 개 생겨났다.

게임 회사에서 가장 큰 자산은 뭐니 뭐니 해도 인력이다. 게임 개발의 가장 매혹적인 점은 인력만 구하면 많은 것이 해결된다는 것이다(적어도 그렇게 보인다.). 큰 공장이 필요한 것도 아니고, 큰 창고가 필요한 것도 아니다. 사람과 그 사람들이 조작할 수 있는 컴퓨터만 있으면 된다.

그렇게 젊은 인력들이 모이면서 게임 회사들의 산업 기능 요원(소위 말하는 병역 특례)들의 수요가 증가했다.

컴퓨터 게임을 만들려면 컴퓨터 관련된 기술들에 대해 잘 알고 있어야 하는데, 이 기술들은 하루가 다르게 발전해가고 계속 새로운 시도를 해야 하는데 군대를 다녀온 이들보다는 가기 전의 젊은이들이 단연코 유리해서 그 당시에는 우스갯소리로 게임 회사에는 면제와 병역 특례 대상자들밖에 없다는 말도 있을 지경이었다.

병역 특례는 그 당시 인력 문제들을 많이 해결해주었고 다른 산업체들보다는 게임 회사들이 병역 특례 대상자들에 대한 대우도 좋은 편이었다. 다른 일반 산업체들은 병역 특례 대상자들에게 정해진 급여보다 더 적은 급여를 지불한다거나 근무 여건이 좋지 않다거나 하는 일들도 많았지만 게임 회사들의 대부분은 다른 일반 근무자들과 동일한 대우를 해 주었다.

프로그래머들은 상대적으로 병역 특례를 받기가 쉬웠다. 병역 특례라는 게 산업체 지정도 있어야 하지만 개인이 자격증을 따야 한다. 아무리 병역 특례를 받기 위해서라고 해도 자신이 일하는 것과 전혀 무관한 것을 따고 무관한 일을 할 수는 없는 것인데, 프로그래머들에게는 '정보처리기능사'라는 자격증이 있었기에 대부분은 이 자격증을 따고 병역 특례 대상자가 되었다.

하지만, 기획자(게임 디자이너)들이나 그래픽 쪽으로는 마땅한 자격증이 없는 상태여서 그들도 '정보처리기능사' 자격증을 따곤 했다.

게임이라는 산업의 가치가 인정되고 훌륭한 수입을 발생시키면서 국가에서도 게임 산업에 대한 지원을 고민하게 되었다. 게임 산업이야말로 고부가가치의 IT 주력 산업이라고 하면서 게임산업에 인력 지원을 위해 게임 관련 국가 기술 자격 종목을 신설하게 되어 게임 관련 자격증들이 생겼다. 2002년 한국산업인력공단에서 주관하다가 2010년부터 한국콘텐츠진흥원으로 이관되어 [게임기획전문가]라는 이름으로 국가 자격증이 발급되고 있지만, 자격증이 생기고 얼마 되지 않아서 게임 회사의 병역 특례가 크게 줄면서 유명무실해지기도 했다.

이 자격증은 게임 관련 학과 지원 시 가산점을 받거나, 취업 시에 가산점을 받기 위한 용도로 활용되고 있으므로, 만약 자격증을 따고자 한다면, 자신이 원하는 학과나 회사에 해당 자격증을 어느 정도 인정해주는지 확인하고 도전하기 바란다.

그리고, 있으면 좋은 것

아래의 자격증들은 취업 시 대단한 가산점을 받지는 않지만, 이력서에 적을 것이 없을 때 적어둔다면 좋은 인상을 줄 수 있다. 물론, 회사마다 다르므로 너무 믿지는 말고 확실한 것은 취업하고 싶은 회사에 물어볼 것.

● MOS(Microsoft Office Specialist) 자격증

마이크로소프트 오피스 프로그램에 대한 자격증
Word, Excel, PowerPoint, Access, Outlook 등의 활용 능력을 측정하는 인증 시험으로
Microsoft 사가 인증하며, 국내뿐만 아니라 해외에서도 인정받을 수 있다.
모든 시험이 실기 시험으로 치러지며(CBT: Computer Based Test), 시험 종료 즉시 시험 결과를 알 수 있다.
(http://www.ybmit.com/mos/intro/main.asp)

LEVEL	설명	자격
MASTER	MS Office 응용 프로그램 전체를 완전히 터득한 최고 전문가임을 나타낸다.	별도의 시험 없이 Word(Expert), Excel(Expert), Powerpoint(Core)는 필수 취득하고, Access(Core), Outlook(Core)은 선택으로 1과목을 취득하여 4개의 자격증을 획득하면 Master 자격을 받는다.
EXPERT(상급)	특정 MS Office 2007 응용 프로그램이 전문가 수준임을 나타낸다.	MS Word expert
		MS Excel expert
CORE(일반)	특정 MS Office 2007 응용 프로그램을 능숙하게 다룰 수 있음을 나타낸다.	MS Word core
		MS Excel core
		MS PowerPoint core
		MS Outlook core

● 국어능력인증서(ToKL)

(재)한국언어문화연구원에서 주관하는 국어능력인증시험으로 시험 결과에 따른 점수가 나온다. 국가 공인 자격으로 2년 동안 유효한 성적으로 인증한다.
(http://www.tokl.or.kr/)

평가 영역

평가 영역	평가 내용
언어 기초 영역	수행기반능력/어휘
	언어규범능력/어법·어문규법
언어 기능 영역	담화능력/듣기·말하기
	독해능력/읽기
	작문능력/쓰기
사고력 영역	사실적 이해
	추론
	비판
	창의

점수별 급수 안내

급수	총점
1급	200 ~ 185
2급	185 미만 ~ 169
3급	169 미만 ~ 153
4급	153 미만 ~ 137
5급	137 미만 ~ 121

Part 2

신입으로 살아남기

- 회사가 신입에게 바라는 것
- 좋은 문서 작성법
- 데이터로 관리하기
- 게임 디자인의 세부 분야
- 프로그래머와 이야기하기
- 아트Art팀과 이야기하기

:: 신입의 취직기

*본 책에 사용된 사진의 소품들은 저자의 소장품입니다.

게임 회사에 들어온 것을 환영합니다.

신입사원 여러분
성실하고 착한 팀원이
되길 바랍니다.

회사가
신입에게 바라는 것

"결국 네가 원하는 게임 회사에 들어왔구나. 축하한다."

"고마워요. 선배."

"그럼 이제 교육을 받고 나면 실무에 투입되겠죠?"

"응? 아니. 곧바로 넌 실무에 투입될 거야."

"아니, 뭐 교육하거나 그런 거 없어요?"

"교육은 받겠지만 실무도 해야 해. 배우면서 일을 하는 거지."

"와. 이제 나도 당당한 개발자군요! 내가 실력을 인정받았나 봐요?"

"아냐. 네가 일을 잘할 것이라고 기대하는 사람은 없어. 걱정 마."

"…"

신입이 입사하자마자 유능하길 바라는 회사는 없다

신입 사원이 입사하자마자 곧바로 능숙하게 실무를 처리할 수 있을 것이라고 기대하는 팀은 없다. 만약 입사하자마자 책임 있는 포지션을 맡았다면, 실력을 인정받아서 뭔가 맡았다기보다는 환경이 정말 열악한 팀일 가능성이 훨씬 크다.

실무 경험이 없는 신입에게 교육 기간도 줄 수 없을 정도로 다급한 팀이거나 사람을 뽑아서 무엇을 시켜야 좋은지도 알 수 없는 팀으로, 어떤 환경이건 신입의 입장에서 바람직한 환경이라고는 할 수 없을 것이다.

학교나 학원 등에서는 실무 교육을 한다고 외치고 있지만, 이 말이 입사하자마자 곧바로 실무에 투입되어 능수능란하게 일을 처리할 수 있다는 것을 의미하는 것은 아니다. '실무를 통한 교육'이라고 역시 외치고 싶겠지만, 학교에서 하는 실무 교육과 회사의 실무는 하늘과 땅 차이이다.

팀에 새로 신입 사원이 들어왔다는 것은 장기적으로 볼 때에는 인력이 한 명 더 늘어난 좋은 일이고 축하할 일이겠지만, 단기적으로 본다면 짐이 하나 늘었을 뿐이다.

신입 사원은 곧바로 일에 투입되기엔 부족한 면이 많다.
현재 개발하고 있는 게임이 어떤 구조로 개발되고 있는지도 모를 것이며, 개발 단위가 어떻게 분리되어 있어서 팀/파트가 어떤 목적과 연계로 나누어져 있는지도 모를 것이다. 개발 문서들이 어떻게 분류 및 작성되고 있는지도 모를 것이며, 따라서 지금 내가 무슨 문서를 봐야 하는지도 모를 것이다. 심지어, 컴퓨터 설정을 어떻게 해야 할지 모를 수도 있다.

이건 마치 어린애와 같다.
그래서 단기간 입장으로 볼 때 신입 사원은 혹이고 짐이다.

여기에서 잠시 위로를 한다면, 회사를 옮긴 경력직도 마찬가지란 것이다. 처음 들어간 프로젝트에서 뭐가 어디에서 어떻게 돌아가는지 대충이라도 알 수 있는 사람이 어디 있으랴. 게임 프로젝트 진행은 프로젝트마다 천차만별이라 안에 들어가 보기 전에는 알 수 없다. 그래도 신입보다는 경력직이 조금 더 나은 것이 있다면, 대충 훑어보면 뭐가 어떻게 돌아가는지 대략 파악을 할 수 있다는 것이다. 그래서 업무에 대한 이해가 훨씬 빠르다는 것이다. 그게 바로 경험이다.

할 줄 아는 것이 없으므로 하나부터 열까지 뭐가 어디에서 어떻게 돌아가는지 한 땀 한 땀 손수 다 알려줘야 하는 것이다. 이렇게 옆에서 하나하나 가르쳐주려면 그 가르쳐주는 사수는 자신의 시간을 쪼개야 하고, 그만큼 그 사수는 지금 진행하고 있는 업무에 자신의 역량을 100% 발휘하지 못하게 된다는 것이다.

그래서 팀 전체로 보면 오히려 팀의 역량이 줄어들게 되는 것이다.

회사는 이렇게 일시적으로 마이너스임을 감수하면서까지 신입 사원을 뽑아 투자를 한다. 회사 입장에서는 사람을 뽑는 것에서부터 교육시키는 것까지 많은 투자를 하고, 만약 자신들이 원하는 사람이 아닐 경우에는 좋지 않은 결론을 내릴 수도 있다.

하지만 회사가 신입에게 바라는 것은 아주 간단하다.

성실한 모습을 보여라

성실함은 기본이다. 할 줄 아는 것도 없는 신입이 성실하지도 않다면 절대 좋은 인상을 줄 수 없을 것이다.

출근 시간을 지키는 것은 성실함의 기본이다.

입사하자마자 폭풍 같은 마감이 휘몰아쳐서 첫날부터 팀원 전체가 새벽 2시가 넘어 퇴근하게 되었다고 할지라도, 오전에 아무도 없는 사무실을 지키게 될 상황이 되더라도 절대 다음 날 출근 시간에 지각하지 말아야 할 것이다. 사무실에 혼자 앉아 있게 되더라도, 자기에게 주어진 일, 혹은 자기에게 주어질 일을 찾아서 뭔가라도 해야 하며, 아니 하는 척이라도 해야 한다.
내가 지각하는 날, 대장님은 사무실 순찰을 도는 법이다.

입사하자마자 폭풍 같은 마감에 동참할 일은 거의 없지만, 팀이 아주 바쁜 상황에 처해 있을 수도 있다. 너무 늦은 퇴근 때문에 출근 시간이 궁금해지면 주변 사람들에게 물어보면 된다. 실제로 모두 마감 전쟁 후, 늦게 출근하는데 혼자 일찍 나와 있는 것도 머쓱한 일이다.

업무 시간에 의미 없는 웹서핑은 가급적 하지 말아야 한다.
실제로 일을 하면서 소소한 자료 조사 등의 일들은 빈번하게 생기고, 순간적으로 기억이 잘 나지 않는 것을 찾는 데는 인터넷만 한 것이 없기 때문에 웹서핑을 해야 할 일은 많이 생긴다. 하지만 분명한 목적이 없는 무의미한 웹서핑은 출근한 지 얼마 되지 않은 신입이 하기에는 그다지 바람직한 행동이라고 할 수 없을 것이다.

메신저 채팅도 이와 비슷하다.
회사마다 특정 메신저를 하나 지정해서 사용하는 경우가 많은데, 메신저가 회사용으로 특별한 것이거나 자체 개발한 게 아니라면 이 메신저에는 회사 동료들 외에 친구들도 등록되어 있기 마련이고, 딱히 할 일이 없는 상태에서는 친구들과 메신저로 자연스럽게 채팅을 하게 되기도 한다. 친구들도 첫 출근이라는 걸 안다면 궁금해서 이것저것 말을 걸어올

“
회사가
신입에게 바라는 것은
아주 간단하다.
바로 성실하고 착한 팀원이다.
”

수도 있지만 너무 심하게 채팅에 몰두하는 것은 좋지 않으며, 게임 회사가 다른 회사들에 비해 자유로운 분위기이긴 하나 여기도 회사임을 잊으면 안 된다.

무언가는 하고 있어라

처음 입사하면 문서 몇 개를 휙 던져주고 '일단, 이거 읽어보세요.'라 말하고 사수는 자기 할 일 찾아서 가버리는 경우도 쉽게 경험할 수 있다. 이런 경우 팀 전체에 있는 모든 문서를 던져주지는 않을 것이기 때문에 긴 시간이 걸리지 않고 다 읽을 수 있다.

읽으라는 문서는 다 읽었는데, 나에게 일을 가르쳐줘야 하는 사수는 어디갔는지 보이지도 않아서, '다 읽었는데, 다음엔 뭐 할까요?'를 물어볼 수도 없고, 다른 팀원들은 모두 무언가를 하느라 바빠서 감히 말도 걸 수 없으면, 이제 뭘 해야 하나 싶어서 주위를 두리번거리며 앉아 있게 된다.

미안하지만, 이럴 때 가만히 앉아 있는 모습은 자칫하면 멍청해 보일 수도 있다. 자신이 무엇을 할 수 있는지를 찾는 것도 능력이니까 절대로 빈틈을 보이지 말고 무엇이라도 해야 할 것이다.

보통 개발팀 내부 서버에 개발 문서나 스크립트 등의 개발 관련 내용들을 모아두는 공용 폴더가 있고, 입사할 때 이 폴더를 볼 수 있는 권한을 받을 것이다. 만약 권한을 받았고, 폴더의 위치도 알았다면 폴더의 구조라도 파악하고, 폴더의 파일들을 하나하나 구경하는 것도 꽤 재미있으니 폴더 구경이라도 하고 있어야 할 것이다. 빨리 상황을 파악할수록 빨리 실전에 투입될 수 있기 때문이다.

개발팀 전용 내부 게시판 등을 갖고 있는 회사라면, 게시물들을 하나하나 읽어보는 것도 좋을 수 있다. 이런 식으로 사내 개발 전용 게시판이 있는 팀이라면 게임이 개발되고 있는 진행 과정 등도 공유하고 문제점이나 아이디어 등도 게시물로 올라와 있기 때문에 내부의 상황을 빠르게 파악할 수 있을 것이다.

만약, 플레이가 가능한 게임을 진행하는 팀이라면, 게임을 플레이하여 게임에 대해 빨리 이해를 하는 것도 좋다.

모르는 것은 물어봐라

처음에 들어가면 당연히 이것저것 전반적인 것들에 대해서 설명을 듣겠지만, 경력자도 아닌 신입이 그런 설명들을 한 번 듣고 모두 이해하고 기억하는 것은 어렵다. 설명하는 것을 기억하지 못할 것 같으면 적어두고,

적지 못했는데 기억이 안 난다거나, 설명을 들을 때 무슨 설명인지 이해하지 못했다면 혼자 고민하지 말고 물어보는 게 좋다.

수많은 폴더의 바닷속에서 파일 하나 찾지 못해서 한 시간 동안 헤매는 것보다 물어보는 것이 더 낫다. 주변을 귀찮게 하는 것보다 잘못 이해하고 있어서 일을 실수하는 것이 더 나쁘다.

지금 현재 상황을 파악해야 앞으로 나갈 수 있는 것이다. 일반적으로 신입을 뽑는 프로젝트는 초반 상황이라기보다는 어느 정도 개발 단계가 진행된 팀인 경우가 많으므로 진행되고 있는 프로젝트에 대해 빨리 이해할수록 한 사람 몫을 할 수 있게 될 것이다.

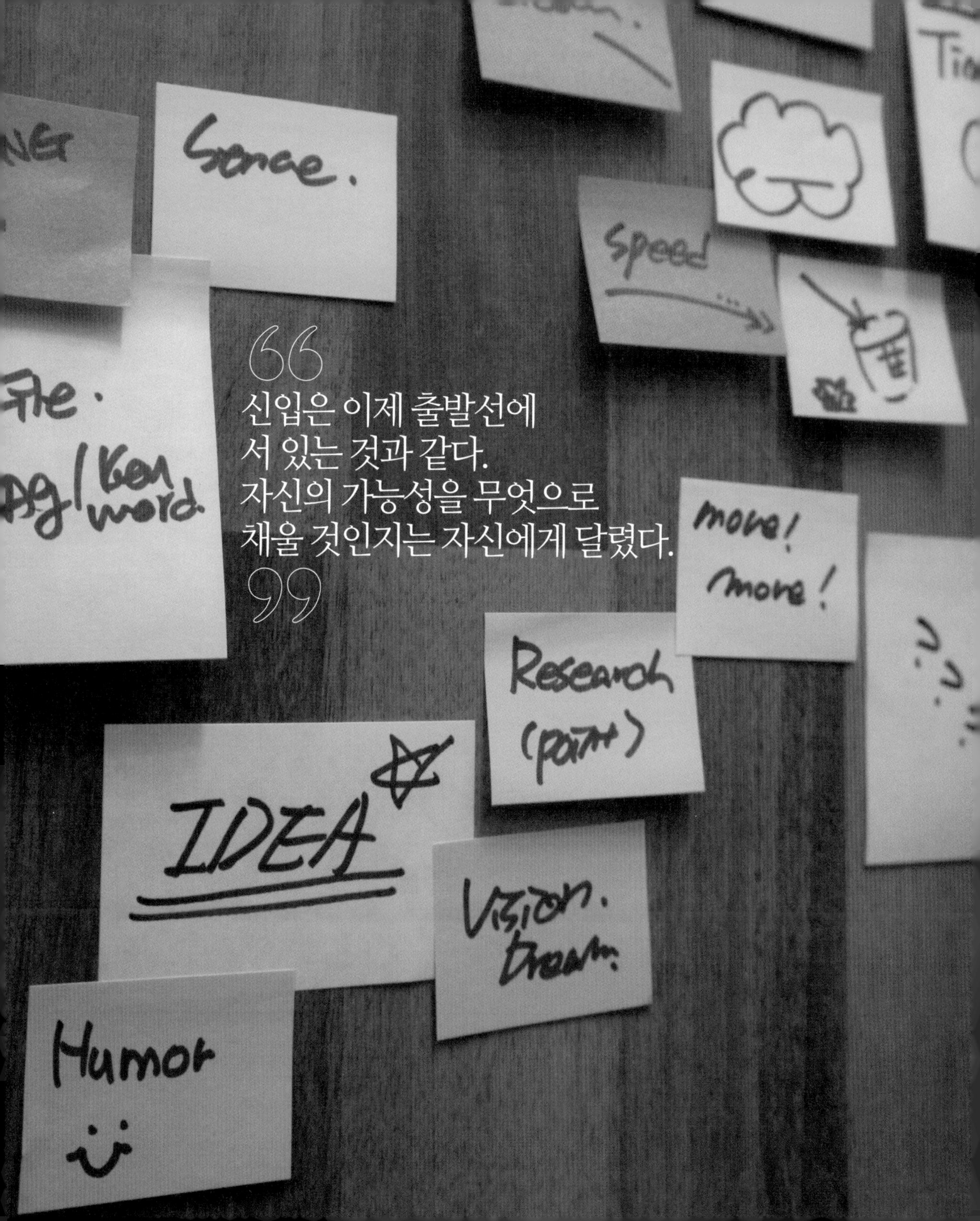

신입은 이제 출발선에
서 있는 것과 같다.
자신의 가능성을 무엇으로
채울 것인지는 자신에게 달렸다.

프리젠테이션
-기획 방향
-전체적인 그림
-거시적인 목표
기획서
- 콘셉트
- 플레이 목표
- 하고자 하는 것
- 얻고자 하는 것
- 검증 방법
사양서
- 구현 요소
- 필요한 데이터
- 데이터 구조
- 표현 요소
- 목표

좋은 문서 작성법

"선배, 개발 문서 써야 하는데 어떻게 써야 해요?"

"딱히 특별한 건 없어. 그냥 알아보기 쉽고, 이해하기 쉽게 쓰면 되지.
양식이 중요한가, 내용이 중요하지."

"선배야 많이 써봤으니 쉽게 이야기하죠."

"좋아. 뭘 하고 싶은데?"

"기능은 없는 장식성 아이템에 대한 제안서요."

"왜 그게 들어가야 하는데?"

"우리 게임은 너무 실용적이라 수집욕을 자극할 만한 게 없어서요.
감성적인 부분을 자극할 수 있는 요소를 넣고 싶어서요. 그리고…."

"그래. 그런 걸 쓰면 돼."

문서, 게임 디자이너들의 무기

문서를 잘 작성하는 것은 아주 중요하다.
설명을 하기 위해서는 말하는 방법도 중요하지만, 말은 이해시키기에는 좋은 반면 쉽게 잊어버리기 때문에 문서를 만들어 기록을 남기는 것이 필요하다.

사실, 좋은 문서를 쓰는 방법을 설명하는 책은 이미 시장에 넘쳐나고 문서 작성의 기본은 누구나 다 알 터이니 여기에서는 간략한 팁 정도만 소개할 것이다.

게임 디자이너들에게 문서란 무기와도 같다. 프로그래머들이 코드Code로 말하고, 그래픽 디자이너들이 이미지Image로 말한다면, 디자이너는 문서Document로 말을 한다.

디자인 문서는 우리가(개발팀이) '무엇을' 만들어야 하는지를 기술하는 것이다. 문서가 우리들의 목표요, 우리들이 나아가야 할 바이며, 우리들이 내고자 하는 결론이다.
'무엇을' 만들지를 알아야 '어떻게' 만들 것인지를 고민할 수 있을 것이 아닌가? 그래서 디자인 문서라는 것은 아주! 아주! 아주! 중요하다.

게임 디자이너라면, 게임 디자인에 대해서 고민하는 것과 동시에 '어떻게 하면 문서를 효과적으로 쓸 수 있을까?'라는 것도 끊임없이 고민해야 할 것이다. 문서는 쓰는 사람을 위한 게 아니라 읽는 사람을 위한 것임을 잊어서는 안 된다.

문서의 핵심은 일찍 나오는 게 좋다

문서의 앞부분에 이 문서의 핵심과 결론이 나오는 게 좋다.
개발을 위한 문서는 소설이 아니다. 반전 같은 것은 필요 없고, 빠른 시간 내에 이해시키는 것이 중요하기 때문에 자질구레한 설명은 뒤로 미뤄두고 문서의 핵심을 앞에 두어 결론을 확실하게 인지시키는 것이 좋다. 그다음 좀 더 자세한 설명이 필요할 경우, 뒤에서 자세히 설명하면 된다.

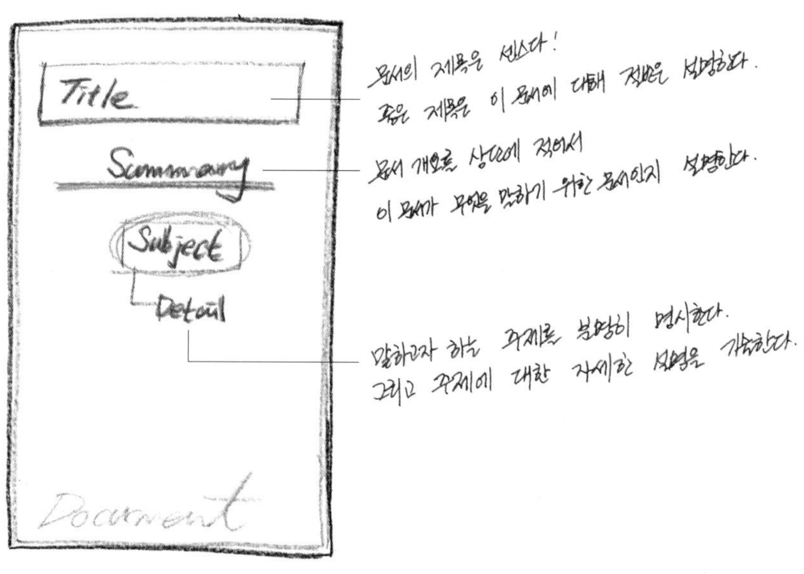

문서의 처음에는 보통 문서의 개요를 쓴다. 여기에, 이 문서의 목적과 결론을 써놓으면 앞으로 이 문서가 무엇을 설명할지를 미리 알려줄 수 있다.

예를 들어, 사냥터 문서를 작성한다고 하면, 그 사냥터의 개요를 가장 첫머리에 적어놓는 것이다.

이 문서는 사냥터의 플레이 계획을 기술한 문서이다. ← 문서의 목적(용도)을 밝힌다.

사냥터 이름: 푸른 곰 절벽 바위 ← 사냥터에 대해 간략하게 설명한다.
플레이 레벨: 25~30
플레이 패턴: 몰이 사냥이 가능한 파티 사냥터

사냥터의 목적: 처음 접하는 파티 사냥터로 파티 플레이를 안내한다.← 디자인 의도를 명시한다.

이 문서에서는 사냥터의 지형 구조를 설명한다. ← 문서의 목적(용도)을 밝힌다.

사냥터 이름: 발바닥 붉은 곰 부락 ← 사냥터에 대해 간략하게 설명한다.
플레이 레벨: 25~30
플레이 패턴: 파티 사냥이 가능한 던전 구조의 필드

지형의 특징: 동선이 제한되는 필드이며, ← 디자인 의도를 명시한다.
붉은 곰 부족의 분위기를 설명한다.

이렇게 적어놓으면 개요만 봐도 '아, 여기는 파티 사냥을 안내하기 위한 사냥터구나! 그럼 어떻게 파티 사냥을 안내할 건지를 설명하겠구나!', '이건 지형 디자인 문서군.'이라고 쉽게 생각할 수 있고, 앞으로 어떤 내용이 펼쳐질지, 무슨 내용을 유심히 봐야 할지를 알 수 있다. 문서의 핵심을 미리 알려주고 시작함으로써 문서에 대한 이해도를 높일 수 있을 것이다.

긴 문서보다는 짧은 문서

이건 너무나 상식적인 것이어서 굳이 여기에서 말하기는 좀 부끄럽지만, 긴 문서보다는 짧은 문서가 더 좋은 문서이다.
문서 작성의 초보일수록 문서가 길어지는 것을 볼 수 있는데, 문장 하나를 써놓고 설명이 제대로 되었는지, 의도가 제대로 전달이 되고 있는지 의심스러워 부연 설명을 덧붙이고 또 덧붙이면서, 문장은 계속 길어지고 문서는 장황해지는 것이다.

의도가 잘 전달될지 자신이 없으면 그림이나 도표를 많이 이용하는 것도 도움이 된다. 열 마디 말보다 한 장의 그림이 더 많은 설명을 할 수 있고, 더 정확하게 이야기할 수 있으며, 글이 많은 문서보다는 그림이 많은 문서가 읽은 사람에게도 부담이 없기 때문이다.

돈과 시간과 인력의 상관관계

시간은 일정이다.
일정이 빠듯하다면 돈과 인력을
투입해서 일정을 맞출 수 있다.

돈이 자금이다.
돈이 없다면 값싼 인력으로 오랜 기간 동안
개발하면 원하는 질을 얻을 수도 있다.

인력은 개발자다.
사람이 부족하면 오래 개발을 하거나
돈이 필요하다.
돈이 생기면, 물론 인력을 충원할 수 있지만…
시간과 돈과 인력의 균형이 맞을 때,
최상의 질을 얻을 수 있다.

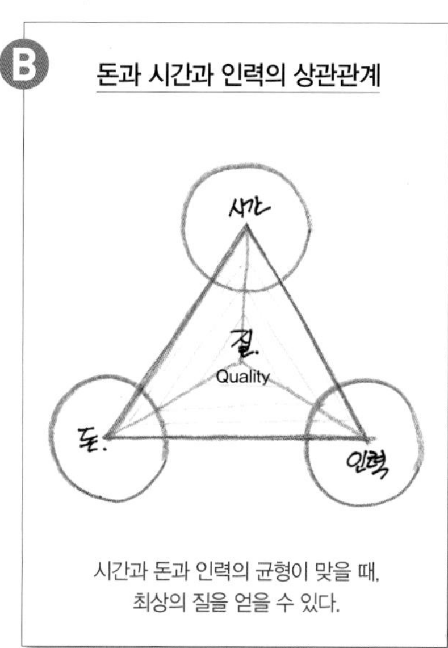

또 다른 좋지 않은 경우는, 같은 내용을 문서의 여기저기에서 반복을 하게 되는 것이다. 구현을 위한 문서보다는 디자인 의도나 설명 위주의 문서에서 자주 발견하게 되는데, 문서의 여러 곳에서 같은 대상을 설명하면 중복된 내용이 계속 들어가는 것이므로 문서의 양이 늘어날 수밖에 없다.

하나에 대한 설명은 한 곳에서만 설명하는 게 좋다

여러 곳에서 설명한다고 읽는 이가 더 빨리 이해하는 것도 아니고, 문서가 여러 곳에 흩어져 있으면 혹시, 해당 내용을 수정하게 되어야 할 경우에는 문서의 여러 곳을 뒤지면서 수정해야 하고, 자칫 잘못해서 수정하는데 누락이 되면 하나의 대상을 동일 문서에서 다르게 설명하는 경우도 발생한다. 이렇게 되면 문서의 오류로 인해 커뮤니케이션의 오류가 발생한다.

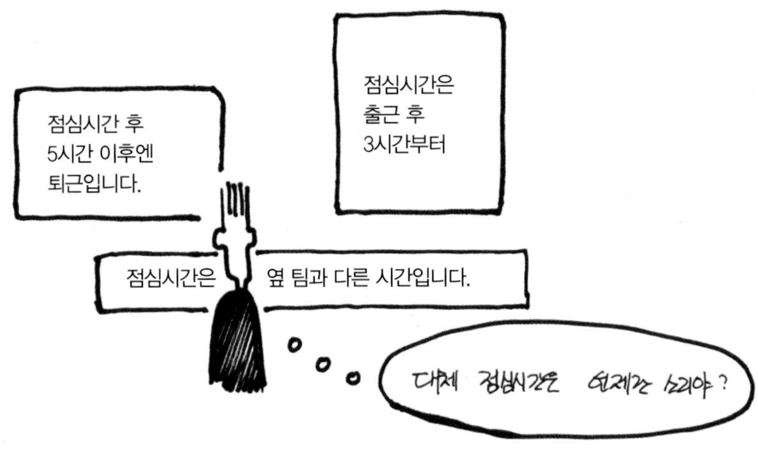

문서를 작성하다가 이미 설명한 부분에 대해서 다시 언급해야 할 경우에는 해당 부분을 참고하라고 하고, 해당 부분에 대한 링크Link를 걸어 주어 동일한 대상에 대한 설명은 문서의 한 곳에 집중시키는 것이 좋다. 즉 데이터 관리와 같은 원리이다.
물론, 문서를 짧게 쓴다고 설명이 부실해지면 안 된다. 모든 문서는 친절해야 한다.

번호, 문서의 내비게이션

문서가 길어지면 단락 번호를 이용하면 좋다.
문서가 작성되면 이 사람에서 저 사람으로, 이 팀에서 저 팀으로 종이 형태가 아닌 파일로 전달된다. 문서를 작성해서 공용 폴더에 올려놓으면 필요한 다른 팀원들이 문서를 자신의 컴퓨터로 받아서 보는 식으로 진행되는 경우가 많아지는데, 이렇게 공유되면 문서는 마치 암호 해독문처럼 이걸 매개체로 이야기가 오고 가게 되는 것이다.
이럴 경우, 단락 번호를 이용하게 되면 이를 기준으로 이야기하기에 편리하다.

- **3. 플레이 내용**
- **3.1. 솔로 플레이**
- **3.1.1. 주요 플레이 동선**

  어쩌구
  저쩌구
  블라블라
- **3.1.2. 이벤트**
- **3.2. 파티 플레이**
- **3.3. 퀘스트**

대부분의 워드 프로그램에서는 이런 식의 다단계 번호 스타일을 지원한다.

"2-1존 필드에 들어가야 하는 오브젝트에 대한 사이즈 혹시 추가하셨어요?"
"네. 업데이트했어요. 필드 설명 문서의 3-3번 항목을 보시면 됩니다."
"던전 구조에 따른 플레이를 설명하도록 하겠습니다. 문서에서 4번 항목을 봐 주세요."

이렇게 문서를 기준 삼아 이야기하면서 단락 번호를 기준으로 삼으면 의도하는 정확한 항목을 이야기할 수 있다.
일반적으로 서적 등을 기준으로 이야기하는 경우, 예를 들어 강의 시간에 교수님이 교재를 갖고 이야기한다면, '자, 326페이지를 봐주세요.'라고 말을 해도 모두 같은 교재를 들고 있으므로 동일한 지점을 보는 데에 문제가 없겠지만, 개발 문서의 포맷은 고정된 것이 아니고 페이지는 가변적일 수 있기 때문에 이를 기준으로 이야기하면 의사소통에 오류가 발생할 수 있다.

페이지가 가변적이라는 것은 문서를 보는 사람이 모두 동일한 인쇄물의 형태로 보지 않는다는 것으로, 보는 사람이 어떤 형식으로 볼 것이냐는 것은 항상 변동 가능성이 있다는 말이다.

예를 들어, 페이지의 여백에 대한 조정을 할 수도 있고, 일부 페이지만 인쇄를 할 수도 있으며, 혹은 첨부된 이미지를 확대/축소/삭제 등을 할 수도 있다. 또한 텍스트의 사이즈를 조절해서 페이지 수가 달라질 수도 있다. 사람들의 취향이란 다양해서 파일로 올라간 파일의 형식을 보는 방법은 각각 다를 수 있다.

여러 가지 변수에 의해서 페이지는 가변적이 될 수 있기 때문에 절대적

“

멋진 문서는
길지 않으면서도
내용을 잘
설명하는 것이다.

”

인 기준이 되지 못하지만 단락 번호를 적어놓으면 문서 내의 인덱싱 역할을 할 수 있다. 여기에서 잊지 말아야 하는 것은, 이 단락 번호를 함부로 바꾸면 안 된다는 점이다.

처음 문서를 작성할 때,

1번 - 몬스터의 개요
2번 - 몬스터의 설정
 2-1. 기본형 몬스터의 설정
 2-2. 상위 버전 몬스터의 설정
3번 - 몬스터의 외모 설명
4번 - 몬스터의 전투 패턴
5번 - 필요 이펙트

이렇게 처음에 문서를 작성했는데, 제작 담당자와 이야기하는 와중에 추가되어야 하는 사항이 생겼다.

시티즌(Citizen)
NPC(NonPlayerCharacter) 중에서도 비전투 NPC를 말한다. Citizen, Villager, NMN 등 프로젝트마다 부르는 호칭은 조금씩 다르다. NPC(비전투용 NPC)/Monster(전투용 NPC)로 나눠서 부르기도 한다. 전투를 하는 NPC가 아니므로 데이터 구조가 몬스터와 다르거나 혹은 제한된 데이터 구조를 갖는다.

"이번에 몬스터 만들면서 특별한Unique 몬스터와 시티즌 용으로 쓸 것도 같이 제작하도록 하죠. 그에 대한 설명도 추가해주세요."
"그러면 주요 캐릭터 설명을 더 추가할게요."
"그리고 이펙트는 별도로 설명하지 말고 전투 패턴 설명할 때 같이 설명해 주세요. 서로 연관이 큰데 따로 설명이 되어 있으니까 이해가 잘 안 가네요."

그래서, 문서를 수정했다.

1번 - 몬스터의 개요
2번 - 몬스터의 설정
  2-1. 기본형 몬스터의 설정
  2-2. 상위 버전 몬스터의 설정
3번 - 주요 캐릭터 설명
4번 - 몬스터의 외모 설명
5번 - 몬스터의 전투 패턴

이렇게 문서를 수정하면, 단락 번호가 바뀌게 된다. 단락 번호는 기준이 되는 것이기 때문에 지정되면 변경되지 않는 것이 좋다. 이것은 데이터의 ID 값을 변경하는 것과 같은 개념이다.

혹은, 2-3에 넣거나, 3-1 등등 중간으로 추가되어야 하는 내용들이 들어갈 수도 있다. 그래서 큰 단락 제목은 큰 범위를 가져가는 게 좋다.

1번 - 몬스터의 개요
2번 - 몬스터의 설정
  2-1. 기본형 몬스터의 설정
  2-2. 상위 버전 몬스터의 설정
3번 - 몬스터의 외모 설명
4번 - 몬스터의 전투 패턴
5번 - 필요 이펙트(해당 항목 삭제하고 4번 내용에 포함)
6번 - 주요 캐릭터 설명

이렇게, 기존의 번호를 수정하지 않고 내용을 추가/수정하면, 여러 명이 다른 버전의 문서를 가지고 있더라도 해당 단락 번호가 설명하는 항목은 같은 것을 설명하기 때문에 대화 시의 오류가 줄어들고 작성자가 아닌 이가 문서를 볼 때에도 편리할 수 있다.

문서의 양이 적고, 페이지 수가 적으면 단락 번호를 세세하게 신경 쓰지 않아도 되지만, 문서의 페이지 수가 많을수록 단락 번호를 신경 써서 기록해두면 여러모로 편리하다.

문서의 버전을 남겨라

파일들과 문서를 관리할 때 버전을 남기는 것은 기본 상식이다. 한 번에 문서의 모든 내용을 완벽하게 정리해서 다시는 수정하지 않는다면 버전 따위는 남길 필요가 없겠지만, 애석하게도 현실은 그렇지 않다.

문서의 수정은 항상 일어나는 일이다. 초안을 작성하고 난 뒤에 세부적인 사항이 더 추가되는 경우도 있고, 실제로 일을 진행하다가 현실의 벽에 부딪혀서 디자인 의도나, 구현 방법 등 문서의 내용이 수정되어야 하는 경우도 자주 발생한다.

실시간으로 동기화되는 서버에 올려놓은 문서일지라도 상대가 가장 최종 문서를 가지고 있는지는 확신할 수 없고, 여러 버전의 프린트물이 사무실 여기저기에서 돌아다닐 수 있다.
이런 경우에, 문서의 버전이 있다면 내가 갖고 있는 문서와 상대가 갖고 있는 문서가 같은 문서인지 다른 문서인지 쉽게 구별할 수 있으므로 서로 다른 내용의 문서인지 아닌지를 금세 파악할 수 있다.
간략하게라도 문서 버전을 쓰는 게 좋다. 버전을 어떤 방법으로 남길지는 경우에 따라 다르므로 상황에 맞춰 적당히 적으면 된다.

요즘은 웹에서 문서를 작성하거나 클라우드 등에 올려서 보기도 한다. 그럴 경우 문서 버전은 기록할 필요가 없기도 하고 문서 번호 따위도 필요 없을 수 있다. 핵심은 형식이 아니라 문서가 서로 이해하기 쉽게 작성되어야 한다는 것이다.

"프로젝트의 환경에 따라
문서를 작성하는
방법은 천차만별이니,
상황에 맞는 좋은 방법을
고민해서 적용하면 된다."

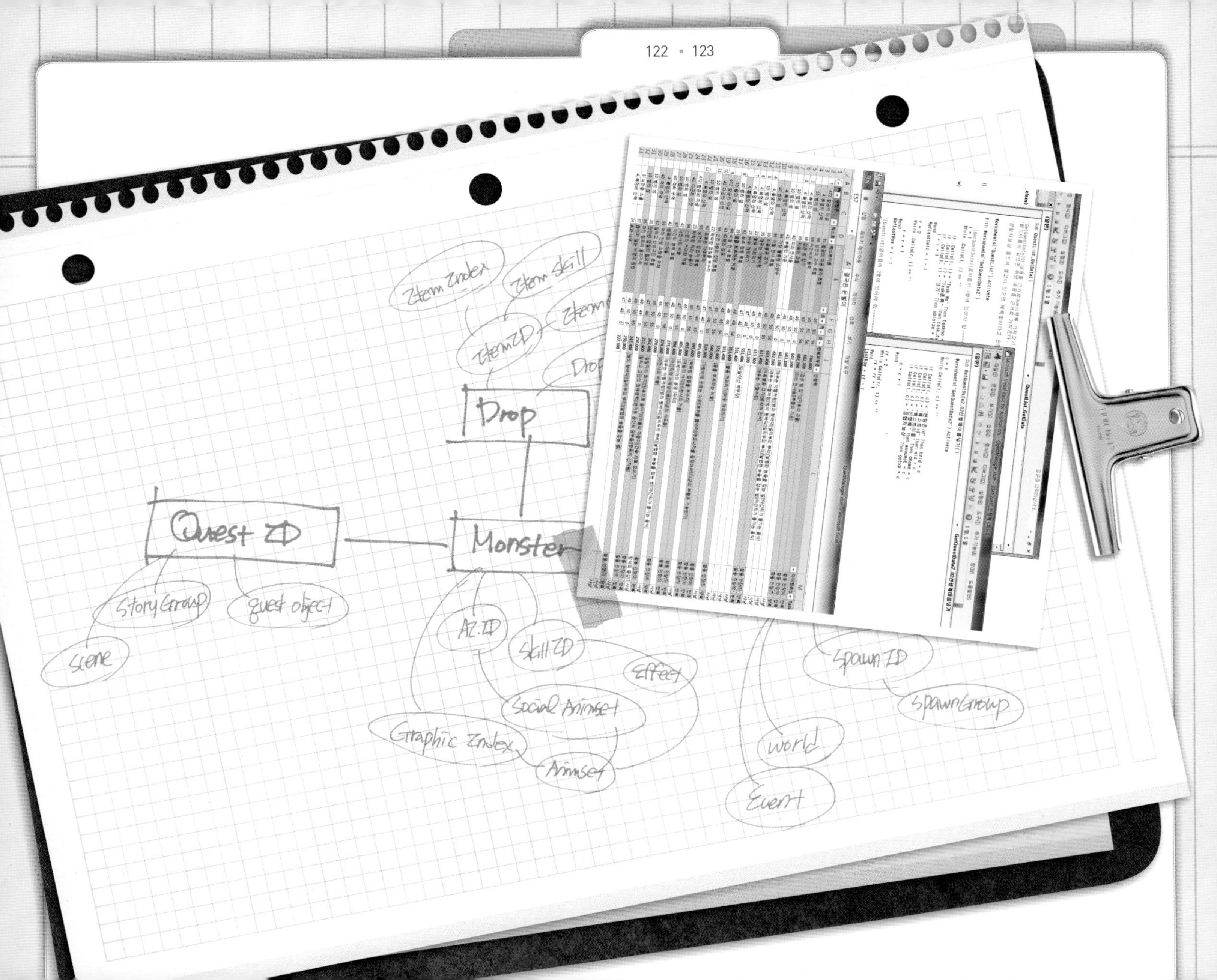

Item Index
Item Skill
Item ID
Drop
Quest ID
Monster
Story Group
quest object
scene
AI ID
Skill ID
Effect
Social Animset
Graphic Index
Animset
Spawn ID
SpawnGroup
world
Event

데이터로 관리하기

"선배, 퀘스트 대사 입력해야 하는데, 이렇게 입력하면 돼요?"

악령의 붉은 사막을 찾아가면 큰 뿔 산양이 있는데,
그 산양의 뿔을 가져오시면 됩니다.

"그렇게 텍스트만 쓰면 안 돼. 데이터 번호를 입력해야지."

"?"

〈악령의 붉은 사막(zoneid_130030;link)〉을 찾아가면
〈큰 뿔 산양(npcid_70102;link)〉이 있는데,
그 〈산양의 뿔(itemid_7010210)〉을 가져오시면 됩니다.

"헤엑, 이 코드들은 뭔가요?"

"게임은 모두 데이터로 이루어져 있는 법이거든."

게임 개발은 게임 디자인팀에서 시작해서 게임 디자인팀으로 끝난다

데이터Data와 코드Code는 다르다. 코드가 프로그래밍적인 설계를 의미하는 것이라면, 데이터는 게임 제작에 필요한 내용물들을 말하는 것이다. 캐릭터의 의상 하나하나도 데이터이고, 아이템의 아이콘도 데이터이며, NPC가 말하는 대사들도 모두 데이터이다. 개념이 어렵다면, 그냥 게임을 만들 수 있는 '재료'들이라고 생각하면 된다.

게임은 '수많은 데이터'들로 이루어져 있다. 게임 개발에 대해 전혀 모르는 사람들은 게임을 구성하는 '수많은 데이터'를 관리하는 것이 프로그래머들의 몫이라고 생각하는 경우가 많은데, 실상은 게임 개발을 하는 모든 이들이 데이터를 만들어내고 관리한다. 프로그래머뿐만 아니라 그래픽/게임 디자인팀 모두 데이터들을 만질 수밖에 없다.

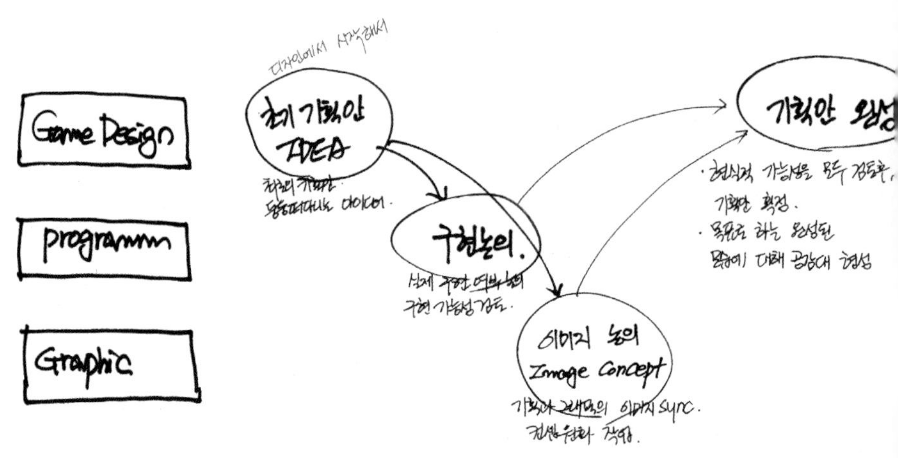

특히 게임 디자인팀은 게임 내의 모든 데이터들이 모이는 곳으로 그 데이터들이 게임의 형상을 할 수 있도록 조립해서 내보내는 마지막 창구로 게임 개발은 게임 디자인팀에서 시작해서 게임 디자인팀으로 끝난다. 즉 게임 개발의 시작과 끝을 책임지는 곳이다.

게임 디자이너들이라면 모든 데이터를 찾아볼 수 있어야 하고, 그 성격을 완전히 이해하고 있어야 하며, 당연히 데이터를 관리하는 데 능숙해야 할 것이다.

당연한 이야기를 하자면, 모든 일의 순서는 계획하고, 실행하고, 검증한다. 게임 디자인도 마찬가지로 디자인하고, 구현하고, 검증한다. 여기에서 말하는 검증이라는 것은 버그가 있는지 없는지 확인하는 것만이 아니라 디자인의 의도대로 잘 표현이 되고 있는지도 확인하는 것이다.

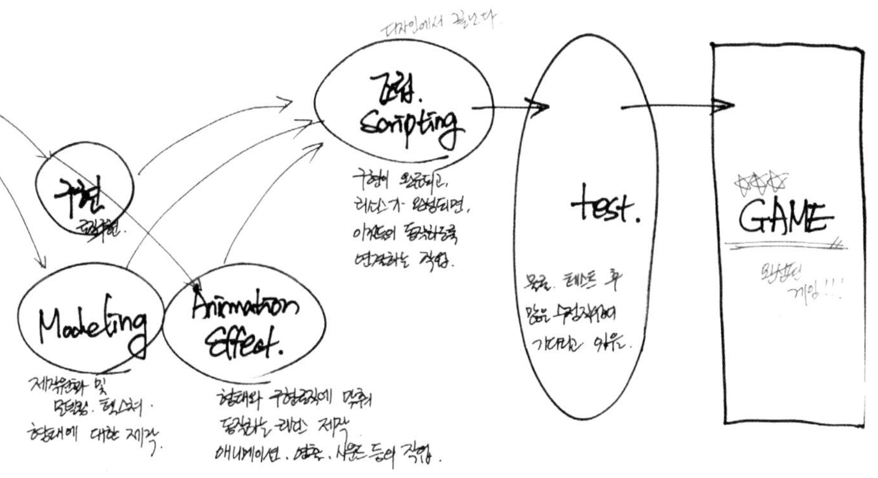

목표를 설정하고, 목표를 위한 방법을 제시한다

게임을 디자인하면 무언가 디자인의 의도, 목표가 명확하게 있을 것이다. 이 목표는 일종의 방향성이며 목적지이고, 이것은 쉽게 변하지 않아야 일이 진행된다. 목표와 방향이 계속 바뀐다면 배는 앞으로 나아가지 못하고 절대 목적지에 도달할 수 없을 것이다. 사공이 많으면 배가 산으로 간다는 말이 그냥 존재하는 것이 아니다. 그나마 산으로라도 가면 다행이지만, 아무 데도 가지 못하고 제자리에서 뱅글뱅글 돌다가 굶어 죽을지도 모른다.

디자인의 목표를 위해 여러 가지 방법을 구상한다. 이 방법으로 새로운 시스템을 만들 수도 있고, 리소스를 제작할 수도 있지만, 이 모든 결과물은 데이터로 만들어진다.

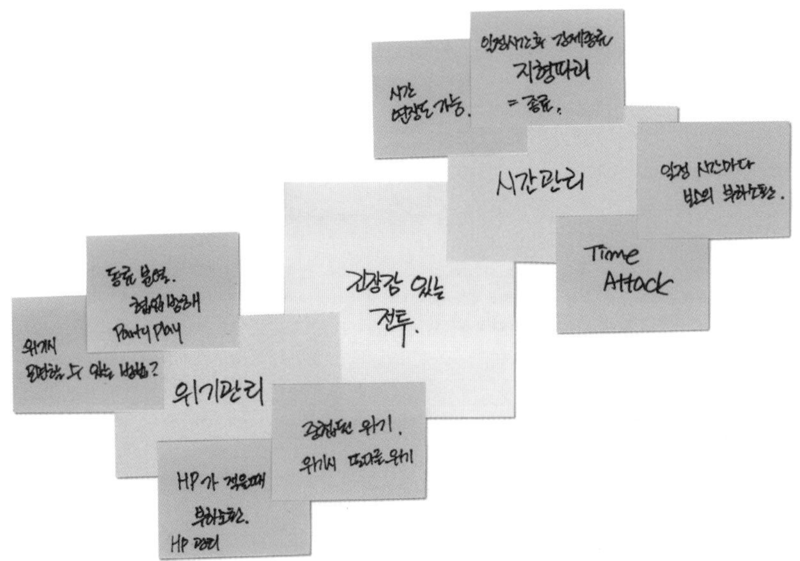

주관적인 기준이라도 객관적인 검증 절차는 필요하다

데이터로 만들어져서 게임에 적용되면 이것이 과연 디자인의 의도와 맞는지를 검증해야 한다. 이 검증 과정은 게임을 만든 디자이너들이 하는 것은 기본이고, 팀의 규모에 따라 다른 검증 담당자들이 할 수도 있다. 디자이너들이 한 것만큼 정확하게 할 수는 없으므로 디자이너들이 검증하는 것은 당연하고 기본이지만, 디자이너들 외의 다른 검증 담당자가 있다면 그들이 발견하지 못한 오류들을 발견할 수도 있다. 창작자는 자신의 생각에 빠져 다른 방향으로 봐야 한다는 것을 잊어버릴 수도 있기 때문이다.

구현은 아무 문제 없고 잘 돌아갈지라도 본래 디자인의 목적과 다르다면 이 개발은 실패이다.
긴장감을 주기 위해서 타임어택 전투를 디자인했고, 버그도 전혀 없지만 긴장감을 전혀 줄 수 없다면 이 구현은 실패한 것이다. 아니, 좀 더 정확히 말하면 구현에 대한 기준을 잘못 잡은 것이다.

TimeAttack
일정한 시간 내에 정해진 목표를 완수하는 전투.

여기에서 '긴장감을 주겠다.'라고 하는 것은 목표다. 이 대전제는 변하지 않을 것이다. 그리고 이 목표에 도달하기 위한 구체적인 방법으로 '1차로 연계기(연이어서 사용하는 스킬)를 모두 사용해서 마나가 10% 이하로 남게 되었을 때, 최종 보스가 등장한다. 기준 레벨 장비로 모든 전투가 끝났을 때 10초가 남는다.'라는 기준을 만들 수 있다.

Mana
여기에서는 스킬을 사용하기 위해 소모되는 포인트라는 의미로 사용했다.

그럼, 결과가 나왔을 때 다음 사항을 검증할 수 있다.
1차로 연계기를 모두 사용했을 때, 마나가 10% 남는가?

마나가 10% 남았을 때, 최종 보스가 등장하는가?
기준 장비로 보스까지 모두 잡았을 때, 10초 이하가 남는가?

이것이 디자인 의도를 데이터화한 것으로 모두 O/X로 판단할 수 있도록 디자인의 의도를 수치화(?)시킬 수 있는 항목이다. 이렇게 정리가 되어 있으면 검증하기 편하고 누구든지 검증할 수 있다.

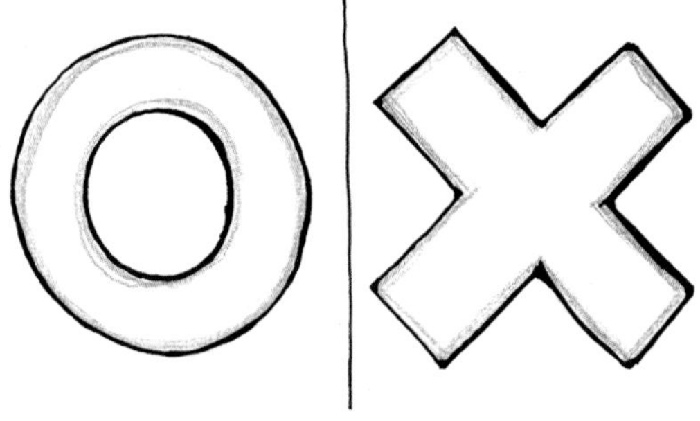

게임은 수치계산 놀이가 아닌 감성적인 문화이므로, 재미있었는지, 긴장감이 있었는지, 있었다면 어느 순간에 있었는지 등의 감성적인 부분도 검증해야 한다.

위의 예시에서, 모든 조건들이 'O'였지만, 실제로 긴장감이 없었다면 대전제에서 어긋난 결과가 나온 것이다. 이는 방법이 잘못된 것으로 긴장감을 주기 위해 세 가지 요소를 기준으로 삼았지만, 기준이 적절치 못하다는 것이 판명된 것이다. 이러면 새로운 기준을 잡아야 한다.
'아니, 그런 것은 노하우가 쌓인 만큼 감으로 맞춰야지.'라고 말하는 이들도 있는데, 노하우는 막연한 기준을 강요하기 위해 사용하는 말이 아니다. 검증해야 하는 지점에 대한 기준을 설계하는 것은 분명 노하우이

"
때로는
주관적인 즐거움도
데이터로 만들어야
할 때도 있다.
"

지만 그 결과를 객관화시키지 못하면 소 뒷발로 쥐 잡는 것과 마찬가지로 '우연히' 맞은 것일 뿐이고 다음에도 같은 결과를 볼 수 있을지 확신할 수 없을 것이다.
게임의 결과에 대한 객관적인 기준을 찾기 위해 통계를 분석하고, 이 결과로 어느 정도 예측이 되는 다른 결과물을 만들 수 있는 것이다.

게임을 개발하는 데에 있어서 데이터를 만든다는 것은, 처음 개발 문서를 작성할 때 표현했던 서술적인 내용이나 막연한 디자인 의도 등도 객관적인 사항으로 정리한다는 것이다.

게임 내의 모든 시스템은 수치화되어 정리되며 이것은 아이템, 스킬, 밸런싱테이블 같은 수치화할 수밖에 없는 내용들은 물론이고, 서술적인 내용을 담고 있는 사냥터, 퀘스트, 그래픽으로 표현되어야 하는 것들도

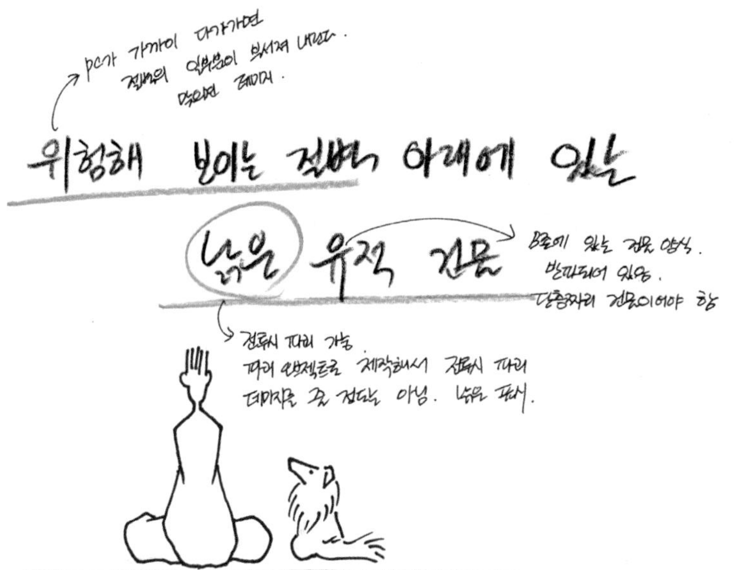

모두 객관적으로 표현될 수 있어야 한다. 객관적으로 표현이 되어야 서로 동일한 기준으로 비교하면서 게임을 만들 수 있으며, 핵심적인 부분만 파악하면 쉽게 정리가 가능하다.

모든 데이터들은 기준값을 가진다

모든 데이터들은 고유한 기준값을 가지게 된다.
기준값이 중심이 되어 해당되는 데이터가 필요할 경우 이 기준값을 참조로 해당되는 데이터의 값을 가져오게 되는, 말 그대로 기준값은 기준을 잡기 위한 코드이다.

그래서 이 기준값은 실제로는 아무 내용도 담고 있지 않는 것이 좋다. 물론, 이 기준값이 실제로 무엇에 대한 기준인지 명시되면 좋지만, 그 외의 실질적인 데이터 내용이 들어가는 것은 좋지 않다.

```
ItemID = item_069
ItemName = @StringItem:33627#검은 나무뿌리
ItemType = QuestFlag
ItemSize = small
ItemDropMesh = none
```

위의 것은 아이템 스크립트 예시이다.
이 예시에서, 기준값인 ID는 ItemID를 말하고 그 값은 [item_069]이다. 그 외에 이 아이템은 [퀘스트용 아이템]이라는 것을 정의하고, 작은 크기이며, 드랍메쉬는 없다고 정의했다.

이 기준값은 아이템 스크립트에 속해 있으므로 그것만 명시할 뿐, 그 외에 다른 정보는 들어가 있지 않으며, 실제로 이것이 어떤 정보를 담고 있느냐는 것은 그 기준값에 속해 있는 다른 값들이 정의하고 있다.

기준값 [Item_069]는 아이템 데이터라는 것만 말할 뿐, 이것이 퀘스트 아이템이라거나 메쉬가 없는 아이템이라는 정보는 말하지 않고 있다. 이렇게 기준값은 예쁘게 보여야 할 필요도 없고, 데이터의 일부 내용을 담고 있으면 더더욱 안 되며, 기본 식별에만 충실하도록 만들어져야 한다.

이 아이템이 퀘스트 아이템이라고 기준값에 [Item_069_quest]라고 붙이면 안 된다. 이 아이템이 퀘스트 아이템이라는 것은 이미 하부의 속성에서 정의하고 있으므로 기준값에도 그 내용을 넣는 것은 무의미하기도 하고, 좋지도 않다. 그리고 기준값은 말 그대로 '기준'이 되어야 하는 것이므로 이 값을 기준으로 다른 곳에서도 해당 정보를 읽기 때문에 한번 정해지면 계속 유지되어야 한다.

```
ItemID = item_069
ItemName = @StringItem:33627
...
```

위의 예시에서 아이템 이름은 다른 스크립트를 참조하고 있다.
아이템 이름은 [StringItem]이라는 것을 참조하며 그 기준값은 [33627]이다. 이렇게 기준값을 갖고 다른 데이터에서 서로서로 참조하면서 쓸 수 있는 일종의 호출 암호인 것이다.

요즘은 게임을 제작할 때, 해외에 진출할 것을 고려하여 언어 관련한 내용들은 번역 작업을 위해 별도의 데이터로 관리한다.

이렇게 서로서로 참조할 수 있기 때문에 이 기준값은 변경되면 안 된다. [item_069]가 '검은 나무뿌리'를 구하는 퀘스트 아이템이라면 이 아이템을 참조하는 곳은 '퀘스트 데이터'에서도 참조할 것이고, '몬스터 데이터'에서도 참조할 것이며, '존 데이터'에서도 참조할 수 있다.
만약 기준값을 수정하면, 기준이 변경되어버리는 것이고, 이 값을 참조하는 다른 곳에서는 혼란스러워질 것이다. 사용하지 않게 되더라도 해당 데이터는 빈 값(null, NotUse)으로 남겨두고, 나중에 새로 데이터를 수정할 때 이 값을 사용하면 된다.

```
ItemID = item_068
ItemID = item_069 (아이템 삭제)
ItemID = item_070          ⇨ item_069
ItemID = item_071          ⇨ item_070
ItemID = item_072          ⇨ item_071
...
```

기준값을 예쁘게 관리할 필요가 없다는 것은 기준값을 변경하면 안 된다는 것이다. 작업 과정 중에서 해당 데이터가 필요 없어져서 삭제해야 할 경우 중간에 쓰레기 데이터가 생기게 되므로 기준값을 순차적으로 수정하는 경우가 있는데, 이렇게 하기 위해서는 해당 데이터가 어디에서 사용되고 있는지를 모두 파악하고 연관되어 있는 데이터를 모두 수정해야 한다. 만약 이 모든 데이터를 파악하고 있을 자신이 없다면 그냥 내버려두는 게 오히려 현명하다.

또한, 기준값은 말 그대로 기준을 잡기 위한 값으로 이 값이 데이터 내용의 일부를 포함하는 것은 좋지 않다. [Item_069]라는 것은 그냥 이름

일 뿐이다. 이름을 좀 더 친절하게 만들기 위해서 [Item_069_quest]라고 쓰게 되면, 이름만 봤을 때 이것이 퀘스트를 위한 아이템이라고 인지할 수 있으니 친절해 보일 수도 있겠지만, 이 아이템이 퀘스트용인지 아닌지는 다른 곳에서 정의하고 있을 것이다. 기준을 위한 값에서 정보를 가지고 있다가 만약, 이 아이템이 퀘스트용이 아니라 일반 아이템으로 사용처가 변경된다면, 오히려 이 이름은 혼란만 가중시킬 것이다.

하나의 데이터는 한 곳에서만 정의해야 한다

하나의 데이터 값에 대한 정의는 한 곳에서만 기록되어야 한다. 퀘스트 아이템에 대한 설명은 퀘스트 아이템 스크립트에서만 정의되어야지 만약 퀘스트 아이템의 정의가 퀘스트 아이템 스크립트 외에 아이템 스크립트에서도 정의하고 있다면 문제가 발생할 수 있고, 데이터가 꼬이거나 쓰레기 데이터가 양산될 수 있다.

데이터 관리는 아주 중요하고 중요하고 중요하다. 어떻게 관리하는 것이 좋은지를 계속적으로 고민해야 한다.

> 게임은 논리적인 데이터로
> 구성되지만,
> 감성적인 즐거움을
> 만들어낸다.

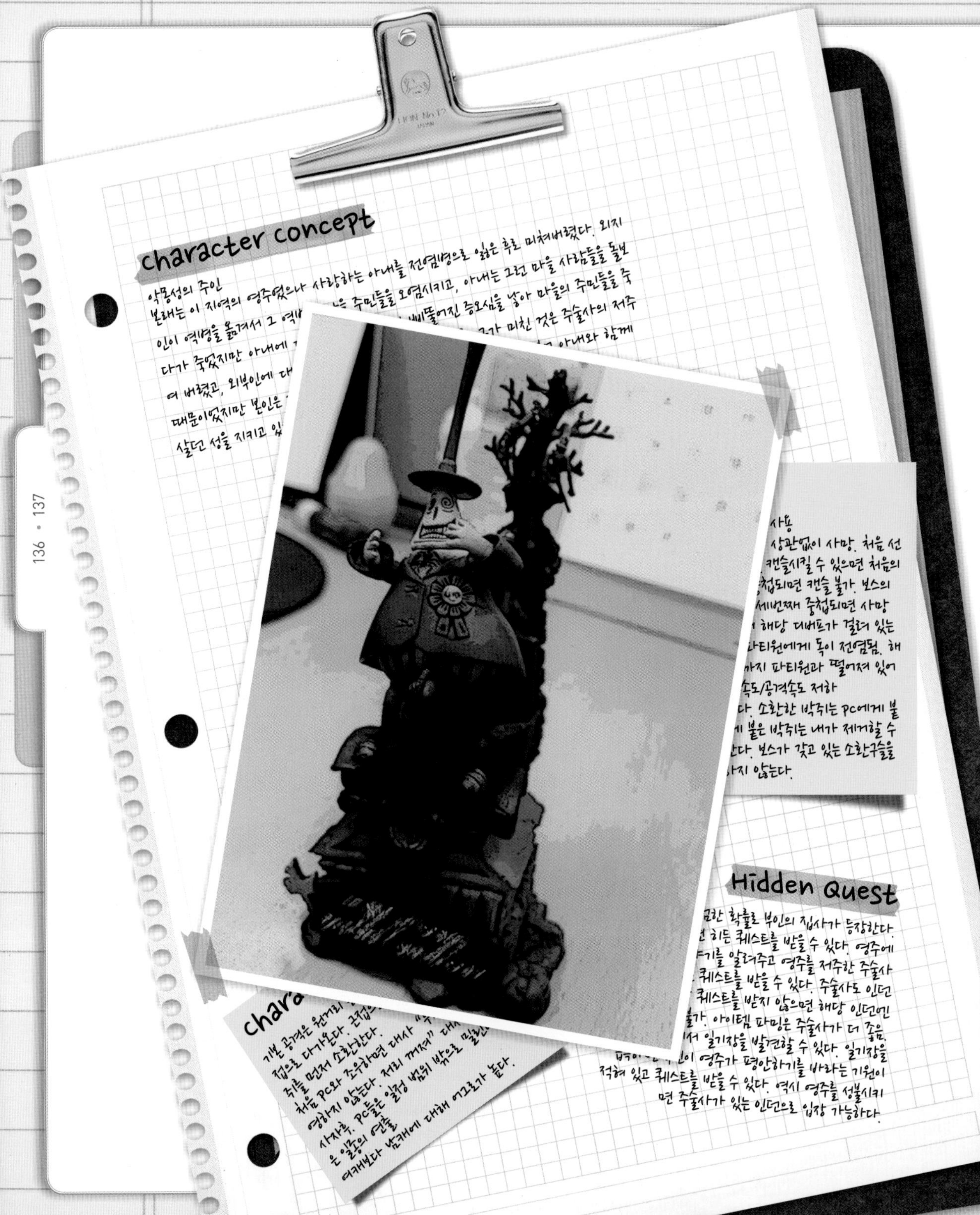
character concept
악몽성의 주인
본래는 이 지역의 영주였으나 사랑하는 아내를 전염병으로 잃은 후로 미쳐버렸다. 외지
인이 역병을 옮겨서 그 역
은 주민들을 오염시키고, 아내는 그런 마을 사람들을 돌보
다가 죽었지만 아내에
삐뚤어진 증오심을 낳아 마을의 주민들을 죽
여 버렸고, 외부인에 대
가 미친 것은 주술사의 저주
때문이었지만 본인은
아내와 함께
살던 성을 지키고 있
사용
상관없이 사망. 처음 선
캔슬시킬 수 있으면 처음의
첩되면 캔슬 불가. 보스의
세번째 중첩되면 사망
해당 디버프가 걸려 있는
파티원에게 독이 전염됨. 해
까지 파티원과 떨어져 있어
속도/공격속도 저하
다. 소환한 박쥐는 PC에게 붙
게 붙은 박쥐는 내가 제거할 수
한다. 보스가 갖고 있는 소환구슬을
하지 않는다.
Hidden Quest
한 확률로 부인의 집사가 등장한다.
히든 퀘스트를 받을 수 있다. 영주에
기를 알려주고 영주를 저주한 주술사
퀘스트를 받을 수 있다. 주술사도 인던
퀘스트를 받지 않으면 해당 인던엔
불가. 아이템 파밍은 주술사가 더 좋음.
서 일기장을 발견할 수 있다. 일기장을
인이 영주가 평안하기를 바라는 기원이
적혀 있고 퀘스트를 받을 수 있다. 역시 영주를 성불시키
면 주술사가 있는 인던으로 입장 가능하다.
chara
기본 공격은 원거리
접으로 다가온다. 근접
주를 먼저 소환한다.
처음 PC와 조우하면 대사
영하지 않는다. 저리 꺼져" 대사
사자후. PC들은 일정 범위 밖으로 밀려
은 일종의 연출.
여캐보다 남캐에 대해 어그로가 높다.
136 · 137

게임 디자인의 세부 분야

"게임 디자인 하고 싶다더니, 구체적으로 뭘 하고 싶은 거야?"

"게임 디자이너면 다 할 수 있는 거 아니었어요?"

"아니지. 게임 디자인 안에서도 분야가 얼마나 많은데."

"얼마나 많은데요?"

"전투 시스템, 캐릭터 구조, 캐릭터 스킬, 몬스터 스킬, 일반 몬스터 구조, 보스 몬스터 구조, 전투 밸런싱, 아이템, 보상, 경제 밸런싱, 지형, 필드 사냥터, 던전 사냥터, 소셜 스킬, 퀘스트, 월드 시스템, 존 시스템, 월드 설정, NPC…."

게임은 다방면의 종합 문화 콘텐츠

게임 디자인팀에 들어가기 위해서 어느 학과 출신이 유리할까?
답은, 모든 학과가 다 유리하다는 것이다. 게임, 특히 RPG를 만드는 팀이라면 다방면의 사람들이 필요하다.

우대 사항
1. 문예 창작 및 관련 항목 전공 및 이수자
2. 건축, 토목, 도시 설계 등의 전공 및 이수자
3. 전산/컴퓨터 공학 관련 전공자
4. 통계학/수학/물리학 전공자
5. 게임 개발 동아리 또는 아마추어 개발팀 활동 경력자

게임은 정말 다양한 방면의 사람들이 모여서 만들어내는 종합적인 문화 콘텐츠이다. 그래서 게임 디자인도 세부적으로는 여러 분야가 있으며 각 분야들은 때로는 아주 상이한 특성을 가지기도 한다. 게임 디자인의 세부 분야를 모두 설명하는 건 너무나 방대하므로 RPG 게임을 만들 때 필요한 분야들 중 대중적으로 알려져 있는 것들에 대해서만 간략하게 설명하도록 한다.

설명한 방법이 모든 회사에서 공통적으로 통용되는 것은 아니다. 직함과 실제 일하는 성격은 회사마다 다를 수 있다.

게임 디자인을 세부적으로 보면 여러 분야가 있지만 명심해야 할 것이, 이 모든 분야는 하나의 게임을 만들기 위한 것이라는 것이다.

설정, 게임의 철학이며 게임의 모든 콘텐츠를 하나로 묶는 역할

게임의 설정은 그 게임의 철학이며 가장 먼저 시작하는 부분이다. 설정은 게임 디자인을 위한 방향 제시이며 모든 디자이너/개발자들이 하나로 모이게 하는 구심점이다. 여기에서 사람들이 게임의 설정이 게임의 시나리오라고 쉽게 착각하는데, 절대 그렇지 않다.

게임에서 시나리오라는 것은 퀘스트 하나의 이야기밖에 되지 않는다. 그 퀘스트는 아주 길 수도 있고, 하나의 구역에서만 진행되는 짧은 이야기일 수도 있겠지만, 결국 하나의 이야기일 뿐이다. 반면, 설정은 이 모든 것을 포괄하고 이 세계의 모든 것을 구성할 수 있어야 한다. 하나의 설정 안에서는 수백 가지, 수만 가지의 이야기가 나올 수 있기 때문이다.

유명한 영화 시나리오 작가나, 소설가, 만화가 등을 게임 시나리오 작가로 영입하는 경우가 있는데, 이들이 설정을 잘 만들 수 있는 것은 아니다. 스토리를 쓰는 것과 설정을 만드는 것은 전혀 다른 작업으로 영화의 경우, 시나리오는 이야기가 흘러가는 지점만 설정하면 되므로, 주인공이 지나가는 길에 대한 설명만 있으면 된다.

하지만 게임의 설정은 동선이 제한되는 게임이 아닌 이상, 캐릭터들은 어디로든 갈 수 있기 때문에 주인공이 지나가는 길 외에 세계 전체를 구상하고 디자인해야 한다. 그리고 어디로든 갈 수 있어야 캐릭터들 간에 이야기가 만들어진다. 모든 캐릭터들이 하나의 길로만 간다면 이 얼마나 재미없는 게임이 될 것인가! 나 혼자 하는 게임이라면 하나의 동선을 따라가도 되겠지만 온라인 게임에서는 그렇지 않다.

게임의 설정이 글만 잘 쓰거나 그림만 잘 그리면 된다고 생각하면 정말 큰 오산이다. 글만 쓰는 이들이 쓰는 설정은 실제로 게임에 적용하기 어려울 가능성이 크다. 실제로 설정 작업 자체는 기존의 모든 현실적 제약에서 벗어나서 새로운 세계를 보여주는 상상력을 불태우는 작업이다.
이 어찌 멋지지 않겠는가!

하지만 상상력으로만 점철된 설정이라면, 게임에 적용하기 위해서는 다시 단계를 거쳐야 한다. 이건 현실성 없는 결과물이 될 수도 있고, 최악의 경우 거의 90%를 버려야 할 수도 있다.

설정 담당자들을 주로 글과 관련된 경험이 있는 사람들을 뽑는다고 해서 그것이 우선이라고 생각하면 안 된다. 게임에 대해 알고 있는 것은 기본이기 때문에 언급하지 않을 뿐이지 '게임은 잘 몰라도 됩니다. 글만 잘 쓰고, 그림만 잘 그리시면 됩니다.'라고 사람을 뽑는 회사는 없다.

게임을 모르거나 게임을 하지 않는 설정가는 게임 디자이너로서 바람직하지 않다. 왜냐하면, 설정가들이야말로 게임을 열심히 하면서 이 설정들이 게임 내에 어떻게 녹아들어 갈 수 있는지를 계속 연구해야 하기 때문이다. 이것은 생각보다 쉽지 않은 작업이다.

사냥터 디자인,
게임 내의 모든 요소가 모이는 곳

사냥터는 게임 디자인의 꽃이다.
대부분의 게임은 전투 중심으로 구성되어 있다. 게임 내에서 전투는 생산 방법이자 소비의 주체로 전투를 통해 생산하고, 전투를 위해 소비하며 가장 핵심적인 콘텐츠로서 전투가 이루어지는 모든 공간이 사냥터이다.

사냥터에서, PC는 사냥을 하거나 퀘스트를 수행하고, 이로 인해 돈을 벌거나 아이템을 획득하는 등의 생산 활동이 시작되고, 같이 사냥을 하거나 퀘스트를 하기 위해 파티를 모으는 등의 커뮤니티가 발생한다. 그래서 사냥터 디자인은 게임 내의 거의 모든 요소들을 알아야 한다.

사냥터를 거치지 않은 것은 거의 없다. 동선 계획을 짜야 하니 지형 시스템에 대해서 알아야 하고, 전투 계획을 짜야 하니 전투 시스템에 대해서도 알아야 하며, 몬스터 계획을 짜야 하니 몬스터 시스템에 대해서도 전부 알아야 할 것이다.

몬스터가 어떤 행동을 할 수 있는지에 대해 아는 것은 기본이고, 어떤 스킬을 사용할 수 있는지를 알아야 몬스터 디자인도 할 수 있다. 그리고 몬스터가 어떤 스킬을 사용하게 할지에 대해 고민하려면 동일한 레벨대의 PC가 무슨 스킬을 사용하고, 무슨 플레이가 가능한지도 알아야 한다. 몬스터는 PC를 위해 만들어지는 것이기 때문이다. 또한, 몬스터는 게임 내에서 경제 단위의 기본이므로 몬스터가 사망 시 어떤 아이템을 떨어뜨릴지도 알아야 한다. 물론, 이 모든 것은 각각의 시스템을 담당하고 있는 담당자와 논의한 후 집행된다.

사냥터는 생각보다 방대한 계획이 필요하며 세세한 것도 모두 계획대로 되고 있는지 꼼꼼하게 확인해야 한다.

지형 디자인(MapDesign), 모든 콘텐츠들이 진행되는 가장 기본 환경

RPG 게임에서 가장 기본이 되는 것은 지형이다.

모든 일들이 실제로 지형 위에서 이루어지며, 지형은 단순히 보기에 멋진 공간이 아니다.

지형 디자인은 캐릭터들의 동선을 고려해야 하고, 어느 시점에서 달려줘야 하며, 어느 시점에서 쉬어줘야 하는지 등 플레이어의 행동에 대한 모든 것을 고려해야 한다.

“

게임 디자인은 게임 내의 모든
요소들을 다루고 있고,
게임 디자이너라면 그 요소들에
대해 모두 이해하고 있어야 한다.

”

MMORPG Massive Multi-player Online Role Playing Game, 다중접속온라인의 경우에는 수많은 플레이어들이 한 장소에서 플레이를 하기 때문에 어느 지점에서 캐릭터를 모이게 할 것인가도 고려해야 한다.

전투가 이루어지려면 어느 정도의 공간이 필요하고, 이동하기 위해서는 어느 정도의 넓이와 높이가 확보되어야 하며(카메라가 부딪히면 플레이하는 느낌이 좋지 않으니까), 지루한 길이 지속되면 플레이도 지루해지므로 언제쯤 환기를 시켜줘야 할지도 고려해야 한다.

구조적인 고려는 그나마 간단하다. 기준을 잡기가 어려운 것이지 게임마다 몇 가지 기준만 잡으면 그 뒤는 편하게 작업할 수 있다.

구조 다음에는 테마다.
쉽게 말하면 설정이고, 이야기 전달 Storytelling이다. 그 지형에 어떤 이야기가 녹아 있느냐 하는 것으로 이 설정에 따라 그래픽 요소가 정해진다.

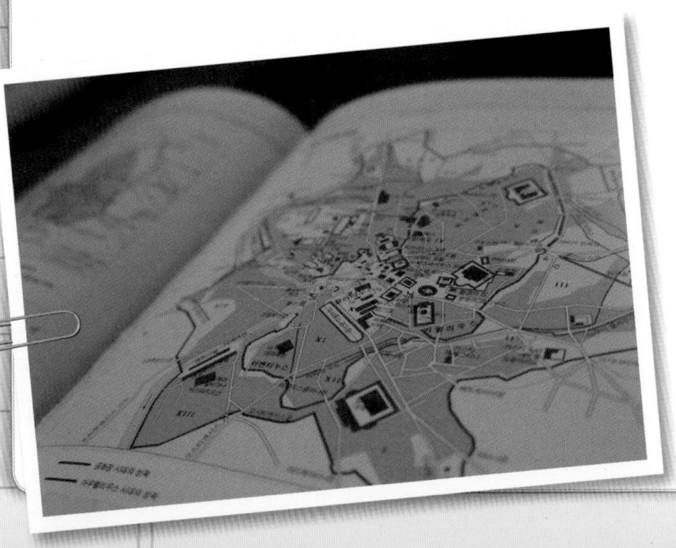

랜드마크가 되어야 하는 부분은 어떤 모습이 녹아 있어야 하고, 이동하는 곳에 따라 지형이 어떤 이야기를 해줄 것인지도 고려해야 하며, 그래픽을 욕심대로 만들 수는 없으므로 범용적으로 쓰일 것과 이 지역만을 위해 쓰일 특별한 것의 비율도 잘 조절해서 배치해야 한다.

지형 디자인의 기본은 그 위에서 어떤 플레이가 일어날지에 대한 계획을 세우는 것이고, 그다음에 그 플레이를 위한 환경을 만드는 것이다.

퀘스트, 무엇을 해야 할지 가장 직접적으로 알려줄 수 있는 도구

요즘은 퀘스트 디자인의 중요성이 대두되고 있다.
퀘스트는 실질적으로 PC를 어떻게 행동하게 할 것인지 제어할 수 있으며 게임에서 말하고자 하는 것을 직접적으로 전달할 수 있지만 퀘스트는 퀘스트 자체만으로는 아무것도 할 수 없으며, 다른 요소들을 잘 묶어서 유저에게 전달함으로써 새로운 콘텐츠가 되는 것이다.

플레이어[Player]들은 퀘스트를 진행하다가 불편함을 느끼면, 흔히 퀘스트가 나쁘다라고 이야기하지만, 자세히 들여다 보면 퀘스트 수행 시 잡아야 하는 몬스터가 어려워서 못한다거나(이런 경우는 전투 밸런싱의 잘못이다.), 퀘스트의 형식이 너무 단순하다거나(이건 실제로 게임 내의 콘텐츠가 빈약해서 퀘스트에서 가져다 쓸 게 없는 경우다.) 등등 다른 콘텐츠들의 문제인 경우도 있다. 가장 표면적으로 드러나는 게 퀘스트이다 보니 퀘스트가 누명을 쓰는 것이다.

퀘스트는 게임 내의 콘텐츠들에 대해 잘 엮어서 만들게 되므로 당연하게도 게임 내의 콘텐츠들에 대해 잘 알아야 한다. 퀘스트의 재료가 되는 사냥, 채집, 제작 등을 적절하게 잘 설명하는 것도 퀘스트의 몫으로, 퀘스트로 이루어지는 모든 내용들에 대해서 잘 알아야 그에 어울리는 퀘스트를 만들 수 있다.
퀘스트는 게임 내의 여러 콘텐츠들을 엮어나가는 것도 중요하지만, 또하나 중요한 것이 바로 동선이다. 퀘스트를 통해 투영되는 콘텐츠들만이 아니라 퀘스트 그 자체도 콘텐츠임을 잊어서는 안 된다. 그래서 퀘스트들이 서로 어떻게 엮이고 흘러가는지에 대해 흐름을 잡는 것도 중요하다. 퀘스트의 동선을 만들고 나면, 한 번에 여러 개의 퀘스트를 받을 수 있게 할 건지 연계로 받게 할 건지도 고민해야 한다. 이것은 플레이의 스트레스에 대한 것으로 단순하게 많은 일을 시키거나, 긴 내용의 일을 조금씩 시키거나 하면서 사용자의 스트레스를 조절하는 것이다. 이 흐름을 잘 잡아야 게임의 플레이 느낌이 좋아진다.

퀘스트 디자인을 잘하기 위해서는 게임 내의 요소들과 설정에 대해 이해하고 이야기를 만들 수 있는 능력, 그리고 감정 이입을 위한 적절한 연출을 할 수 있는 능력이 있어야 한다.

전투, 가장 민감한 시스템

전투 시스템은 아주 기본적인 시스템 중 하나이고, 가장 큰 비중을 갖는 요소이기도 하며 게임의 기본을 받치는 굵은 뼈대이기도 하다.
전투 디자이너가 무엇을 하는지는, 그만큼 기본적이고 당연한 요소이기 때문에 대부분의 게임 개발 지망생들이 알 것이라고 생각한다. 전투 공식을 만들고, 전투에 영향을 미치는 스킬과 아이템들에 대한 밸런싱을 하며 PC와 Monster의 전투 균형을 잡는다.
전투는 전방위적으로 걸쳐 있는 요소이므로 전투 담당자들은 PC 내의 스킬을 만들기도 하고, 몬스터들의 스킬을 만들기도 한다.

게임에서 밸런싱이 전투에서만 이루어지는 것은 아니다. 전투 디자이너는 전투/스킬 밸런싱을 하며, 경제 디자이너는 경제 밸런싱을 하며, 사냥터 디자이너는 사냥터 밸런싱을 한다. 밸런싱 담당자라는 것은 엄밀히 말하면 모든 디자이너들에게 적용되는 말이다.

경제, 현실만큼 중요한 게임 내의 경제

경제는 말 그대로의 경제를 말한다.
경제 담당자는 게임 내의 어떤 재화가 얼마나, 어떻게 풀리는지에 대해 모두 알고 있어야 한다. 그래서 어느 시점에 어떤 아이템을 풀어야 하는지, 어느 정도의 재화를 서버 내에 유통시킬 것인지를 결정하는, 게임 내에서만큼은 재계 핵심 인물인 것이다.

플레이어가 사냥을 하는 이유는 전투 중에 쾌감을 얻기 위해서이기도 하지만, 좋은 아이템을 얻기 위해서이기도 하다. 즉 아이템을 강화하는 것은 더 강한 몬스터를 잡기 위해서이기도 하지만, 더 좋은 아이템을 얻기 위해서이기도 한 것이며, 노력과 수고를 들여서 제작을 하는 것도 원하는 아이템을 얻기 위해서이다. 이 모든 것이 보상으로 귀결된다.

현실 세계와 마찬가지로 게임 세계에서도 경제 문제는 중요하다. 플레이하는 유저들은 자신이 바라는 아이템을 얻지 못하는 것이 불만이겠지만, 모든 유저가 모두 동일한 장비를 갖고 있다면 그 또한 매력적이지 않을 것이다. 모든 유저가 모두 동일한 보상을 갖지 못하기 때문에 그 안에서의 차별점이 생기고, 차이점이 생기며, 이 사이의 간극에 대해 디자인하는 것이 경제 담당자가 해야 할 일이다.
게임 내의 경제라는 것이 현실과 다르지 않기 때문에 게임 내의 세상에서도 인플레이션이나 디플레이션이 생기지 않도록 얼마나 많은 재화를 어떻게 풀 것인지에 대해 고민하는 게임 안에서의 큰 손인 것이다.

정치, 유저들의 끈끈한 정을 서로 엮어주는 것

정치는 유저들이 게임에 머무르게 하는 중요한 이유 중 하나이다. 모든 게임은 명확하고 실리적인 목적이 있고, 게임을 하다 보면 언젠가는 그 목적을 달성하게 된다. 하지만 그 목적을 달성한 사용자들이 게임을 그만두지 않고 계속 게임을 하도록 만들 수 있는 것이 바로 정치 시스템으로, 직접적으로 눈에 보이지는 않지만 아주 중요한 역할을 하고 있는 것이다.

정치
성주, 영주, 길드 등의 시스템들이 정치 시스템의 대표적인데, 여러 사람이 어울려서 같이 게임을 하는 장르들의 경우에는 이 시스템이 사용자들을 얼마나 오래 붙들어둘 수 있는가 하는 데에 강한 영향을 미친다.

…

게임 내의 업무 분야가 조금씩 다르지만 이 모든 요소가 게임 하나를 만들기 위해 구성되는 것으로 이 모든 요소들이 어우러져서 하나의 게임을 만들게 된다. 모든 요소들이 연결되어 있기 때문에 내가 맡은 업무를 잘하기 위해서는 다른 영역의 일들도 잘 알아야 하고, 서로서로 어떻게 얼마나 유기적으로 연결될 것이냐에 대해서도 잘 알아야 한다.

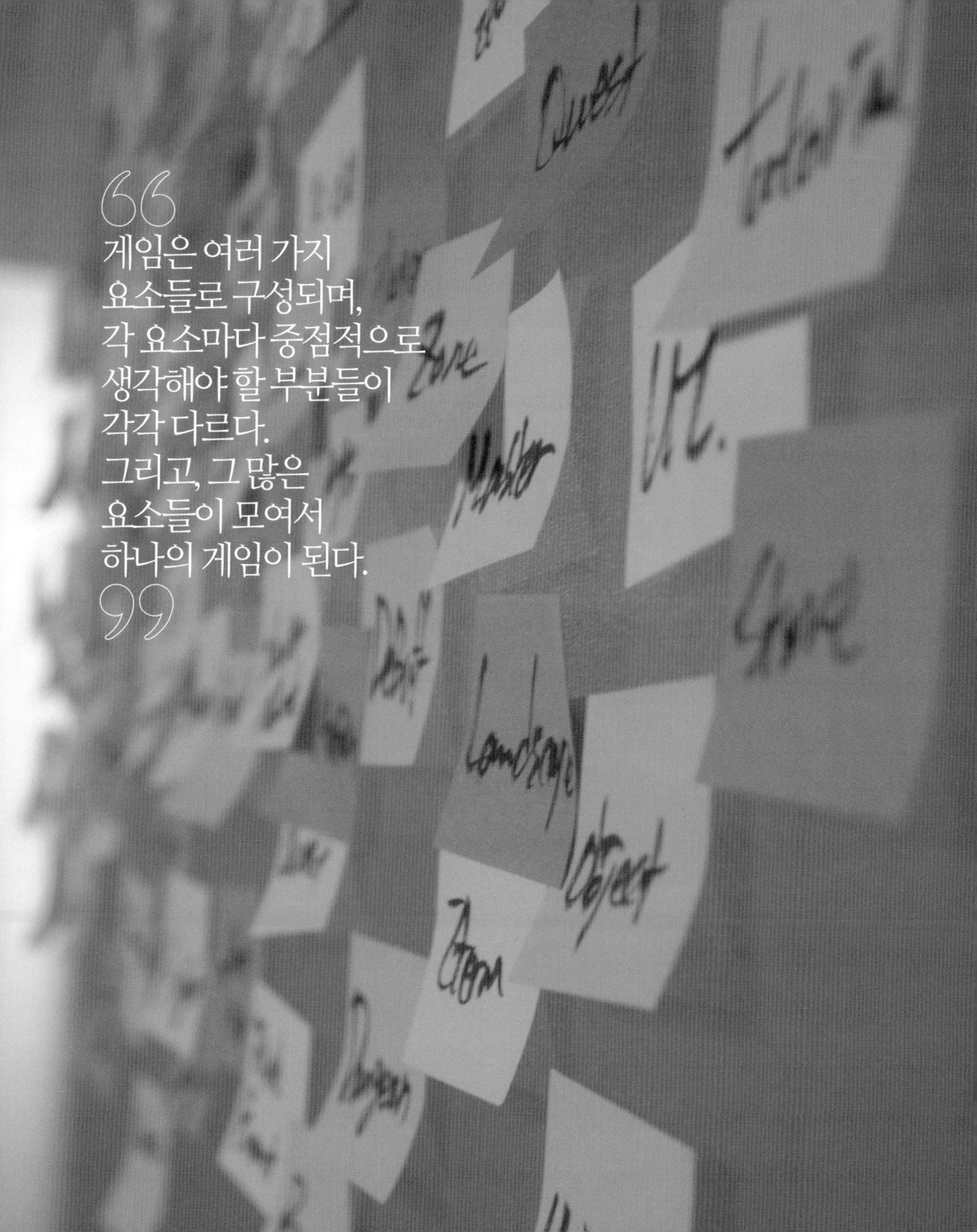

“게임은 여러 가지
요소들로 구성되며,
각 요소마다 중점적으로
생각해야 할 부분들이
각각 다르다.
그리고, 그 많은
요소들이 모여서
하나의 게임이 된다.”

절대 울리지 않는 전화
야식을 위한 메뉴판
비타민 섭취의 흔적
카페인 충전을 위한 음료
건조한 사무실을 위한 가습장치
비상식량
차가운 도시인을 위한 필수품
사실은 넓은데 전혀 넓어 보이지 않는 책상

프로그래머와 이야기하기

"이번에 새로운 보스전 타입이 들어가게 될 건데요.
제일 막방에 들어가면 일단 부하들이 먼저 쏟아져요.
부하들은 죽으면 그 자리에서 석상이 되어 굳어지고요.
이게 후에 보스가 사용하는 중요한 스킬의 재료가 되는 거예요.
보스가 등장하면 일단 바닥을 한번 밟아주는데,
그때, 바닥에 금이 가면서 금 사이로 화염 데미지가 솟아올라오는 거죠.
PC가 그 금의 경계에 있으면 화염 데미지를 입어요.
물론, 갈라지는 금은 항상 랜덤하게 펼쳐지죠.
그리고 전투 중에 주변의 기둥을 뽑아서 사용하는데,
그냥 던지거나, 불덩어리 파편을 만들어서 주변으로 날리는 거죠.
이번 전투의 콘셉트는 지형 이용과 화끈한 전투예요."

"…저, 그런 거 구현 안 돼요."

컴퓨터 게임은 프로그램이다

지금 이야기하고 있는 것은 컴퓨터 게임이고 컴퓨터 게임이 돌아가려면 프로그래밍이 필요하다는 것은 누구나 다 아는 사실일 것이다. 그렇기 때문에 게임을 만드는 과정에서는 그래픽이나 사업, 운영 등 어느 분야건 상관없이 프로그래머와 이야기할 기회는 생긴다. 게임 디자이너들이라면 당연히 프로그래머들과 밀접한 관계를 유지하게 된다.

프로그래머들의 화술은 아주 간단하다.
프로그래머들과 이야기하는 경우는 대부분이 '구현 여부'에 관련된 이야기로, 필요한 기능을 구현하기 위해서 많은 이야기를 프로그래머들과 나누게 되는 것이다.

게임 디자이너들이 무엇을 만들어야 하는지를 설명하고 필요한 기능들과 그것들이 어떻게 구현되어야 하는지를 설명하면, 훌륭하고 멋지신 프로그래머님들은 마법처럼 그 기능을 만들어주시는 것이다.

"

프로그래머의 장점은
A라고 말하면 A를 해준다.
프로그래머의 단점은
A라고 말하면 A만 해준다.

"

프로그래머도 게임 개발자이다

가장 중요한 것은 물론 '무엇을' 구현해야 하는지에 대해 충분히 설명하는 것이다. 결론적으로, 해야 하는 것은 이해시키는 일이고, 그다음으로 어떻게 만들지를 논의하는 것이다.

하지만 프로그래머들도 게임 개발자라는 것을 잊으면 안된다. 그들도 게임에 대한 창작 욕구가 있으며 게임을 어떻게 만들어야 하는지에 대해 아주 잘 아는 사람들이다. 단순히 시키는 대로 만들기만 하는 그런 사람들은 아니다.

내가 구현하고자 하는 것을 설명하기 전에 전체적으로 무엇을 만들지에 대해 충분히 설명해야 한다. 최종적으로 어떤 모습이 나와야 하는지, 그래서 무엇을 만들고자 하는지에 대해서 충분히 알고 있으면 그다음에 그것을 어떻게 만들어야 하는지는 게임 디자이너들보다 훨씬 더 훌륭하고 효과적으로 구상할 수 있을 것이고, 그다음에 어떻게 구현하면 좋을지를 함께 논의하면 되는 것이다.

프로그래머 앞에서 잘난 체하지 마라

게임 디자인을 하는 사람들 중에는 프로그래머 출신들도 상당수 있다. 프로그래밍을 하다가 게임 디자인을 하고 싶어서 분야를 바꾼 경우도 있고, 혹은 본래 게임 디자인을 하고 싶어서 프로그래밍부터 시작한 경우도 있다.

내가 아무리 프로그래밍에 대한 해박한 지식과 기술이 있다고 해도 나는 현재 게임 디자이너임을 잊으면 안 된다. 내가 아무리 훌륭하고 멋진 프로그래밍 실력을 갖고 있다 하더라도 이번 프로젝트에서 나의 역할 Role은 프로그래밍이 아니라는 것이다. 나는 게임을 디자인하고, 프로그래머는 게임을 구현한다.

'간단해 보이는데, 이게 한 달이나 걸려요?'

이런 말은 쉽게 해서는 안 되는 말이다.
아니, 프로그래머뿐만 아니라 다른 담당자들에게도 쉽게 해서는 안 되는 말이다.

논란이 되는 일이 다른 프로그래머에게는 한 달씩이나 걸리지 않을 수도 있지만, 나와 함께 게임을 만드는 나의 파트너에게는 한 달이 걸릴 수도 있다. 세상에 훌륭한 프로그래머가 아무리 많다고 해도 나와 함께 일하는 나의 파트너는 이 사람이므로 그를 존중하고 이해해야 하는 것이다.

때로는 사소한 것 하나가 구현되는 것보다 동료의 신뢰와 신임을 얻는 것이 더 좋다. 동료의 신뢰를 얻을 수 있다면, 만들고자 하는 게임에 대해 공감하면서 같이 이야기할 수 있을 것이고, 그러면 더 멋진 게임을 기분 좋게 만들 수 있을 것이다.

게임 내의 요소 하나가 만들어지는 것보다는 사람을 얻는 게 더 중요할 수 있다.

같이 게임을 만드는 동료

다른 분야를 맡고 있지만, 결국 우리는 모두 하나의 게임을 멋지게 만들어보기 위해서 모인 팀이다. 서로의 전문 분야가 다르고 서로의 장점이 다를 뿐이지 우리는 모두 같은 목적을 향해 가고 있는 동료이며 파티party인 것이다. 분열된 파티가 무사히 미션을 수행하기는 어렵다.

우리는 모두 같이 가는 것이지 누가 누구를 끌고 가는 것이 아니고, 게임 디자이너는 그 안에서 한발 앞서 가면서 동료들에게 우리가 어디로 가고 있는지 설명하고 제시해주는 것이다. 우리가 모두 한 팀이라는 것을 잊지 말자.

정말 원하는 것을
설명하고 설득하면
이루어질 것이니….

RoughSketch Dungeon

Object

Sourc

Conce BSP

Ma

errain

Sta

Lan

Lan cape

PathBuild

Effect PlayerStart

아트Art 팀과 이야기하기

"이번에 들어가는 성은 아주 중요해요.
외관은 성이고, 내부는 사냥터로 쓸 거예요.
성은 일단 웅장하고 장엄해야 하고요,
구석구석 음산한 분위기가 있어야 해요.
웅장한 것 같으면서도 소름 끼치는 무언가가 있는 거죠.
그건 섬찟하다기보다는 스믈스믈 기어 오는 듯한,
그런 느낌이어야 해요."

"…그래서, 대체 어떤 성을 만들고 싶단 거예요?"

아트팀의 분야는 크게 둘이다

그래픽팀, 흔히 아트팀이라고 하는 분야는 크게 두 가지로 분류할 수 있다. 하나는 말 그대로 아트Art로 게임을 시각적으로 표현하기 위한 작업을 하며, 이 분야의 수장은 ADArt Director라고 흔히 부른다. 또 다른 분야는 기술적인 분야이다.

멋진 이미지를 만드는 것은 쉽지 않은 일이지만 풍부한 상상력과 그것을 표현할 수 있는 실력이 있다면 단순하게 해결될 수 있는 문제이다. 그러나 게임을 만드는 데 있어서는 시각적으로 표현하는 것만이 전부가 아니며 게임을 쾌적하게 즐길 수 있도록 하는 기술적 조율도 중요하다. 그런 기술적 가이드를 잡는 분야가 있으며 여기의 수장을 TA Technical Art Director라고 부른다.

그래픽의 기술적인 부분을 프로그래머가 할 것이라고 생각하기 쉽지만, 프로그래머와 TA의 역할은 조금 다르다. TA는 원하는 시각적 표현을 위해서는 프로그래머와 아티스트가 어디까지 양보해야 하는지에 대한 가이드를 잡는 것으로, 이것은 아트에 대한 조예가 있지 않으면 할 수 없는 일이다.

그래픽이라는 것이 프로그래머의 코드나 게임 디자이너의 문서와는 다르게 시각적으로 표현하는 부분을 진행하다 보니 누구든지 그에 대해서 쉽게 훈수를 둘 수 있기도 하고, 그러다 보면 사소한 오해로 시작한 다양한 분쟁거리들이 발생하기도 한다.

가장 쉽게 쌓이는 오해

"예쁘게 해주세요."

아니, 뭐가 예쁜지 어떻게 알겠는가. 나에게 멋져 보이는 것이 다른 이들에게도 멋져 보일지는 장담할 수 없고, 추상적인 감정을 시각화시키는

“그래픽을 하시는 분들은
섬세하다.
이분들 맘이 상하면
기분을 돌리기 어렵다.”

부분에서 개인의 선호도는 극명하게 달라질 수도 있기 때문에 이러한 것은 기준이 될 수 없다.

"요정은 나비 날개 같은 2쌍의 날개를 가지고 있고, 고양이 귀에 고양이 꼬리를 가지고 있습니다. 호버링hovering, 부유이동 할 테니 다리 부분을 신경 써주세요."

"꼭 날개가 2쌍이어야 해요?"

"아뇨. 1쌍만 아니면 돼요. 2쌍이거나 더 많아도 돼요. 하지만 고양이 귀와 고양이 꼬리는 꼭 있어야 해요."

이렇게 필요한 부분을 구체적으로 이야기하고, 왜 이것이 필요한지에 대해 명확하게 설명해주는 것이 좋다. 사람의 생각이라는 것은 꽤 심오한 것이어서 그것을 모두 표현하기에도 어렵고, 당연히 그것을 모두 이해하기에도 어렵기 때문에 게임 디자이너가 생각한 것을 다른 이들이 모두 이해하기를 기대하는 것은 버려야 한다. 그래서 구체적이고 명확한 것을 설명하고 반드시 필요한 사항들을 정확하게 말하는 것이 중요하다.

추상적이고 주관적인 기준은 금물

또 하나 쉽게 발생하는 오해는 다음과 같은 것이 있다.

“어, 이건 제가 생각하던 분위기가 아닌데요.”

개발 경험이 없는 어린 디자이너들이 쉽게 하는 실수이다. 그래픽팀은 게임 디자이너들이 생각한 대로 기계적으로 표현해주는 것이 아니라, 게임 디자이너들이 방향을 지정하면, 그 목적에 맞는 이미지를 표현해 주는 것이다.

위와 같은 경우라면 게임 디자이너들이 생각하던 분위기가 무엇인지 명확하게 설명하지 못한 것이 더 큰 잘못이다. ‘어둡고 눅눅한 분위기’, ‘음침하고 살벌한 지형’이런 식의 추상적인 표현은 단순히 참고용으로 주고받는 대화일 뿐이지 이것이 기준이 될 수는 없다. 개인마다 그 분위기를 표현하는 방법은 다를 수 있기 때문에 차라리 구체적으로 ‘안개가 짙게 끼어 있는’이라거나 ‘부서져 있는 의자들이 쌓여 있는’이라고 구체적이고 명확한 것을 제시해야 한다.

물론, 모호한 말들이 오가는 경우도 있다. 분위기에 대한 공감대를 이야기할 때에는 추상적이고 모호한 표현들이 사용될 수밖에 없지만, 만약 명확하게 원하는 것이 있다면 구체적인 것을 제시하는 것이 원하는 것을 얻을 수 있다.

그래픽과 게임 디자인은 서로의 업무 영역이 분명히 존재한다. 물론, 이 업무 영역이라는 것은 서로의 영역에 대해 전혀 말을 하지 말라는 그런 의미는 아니다. 기준이 모호해서 분쟁이 생겼을 때 해결하기 위한 방법으로 결과물에 대한 신뢰와 책임감에 대한 경계를 만들어주는 것일 뿐이다.

그래픽은 추상적인 상상력을 구체적으로 표현하는 것이고, 사용자들이 게임에 대한 첫인상을 그래픽으로 처음 받게 되기 때문에 시각적인 부분은 아주 중요하다고 할 수 있다. 그렇기 때문에 정확한 디자인의 의도를 설명해야만 게임 디자이너가 원하는 목적에 맞는 이미지들이 표현될 수 있을 것이다.

게임 디자이너는 AD가 아니다. 디자인 의도라는 명분으로 너무 세세한 것까지 지시하려고 하지 말고 공감대를 이끌어내도록 해야 한다. 그들은 시각적 표현의 전문가들로서, 공감대만 이끌어낸다면 게임 디자이너가 생각했던 것보다 훨씬 멋지고 훌륭한 이미지들을 만들어줄 것이다.

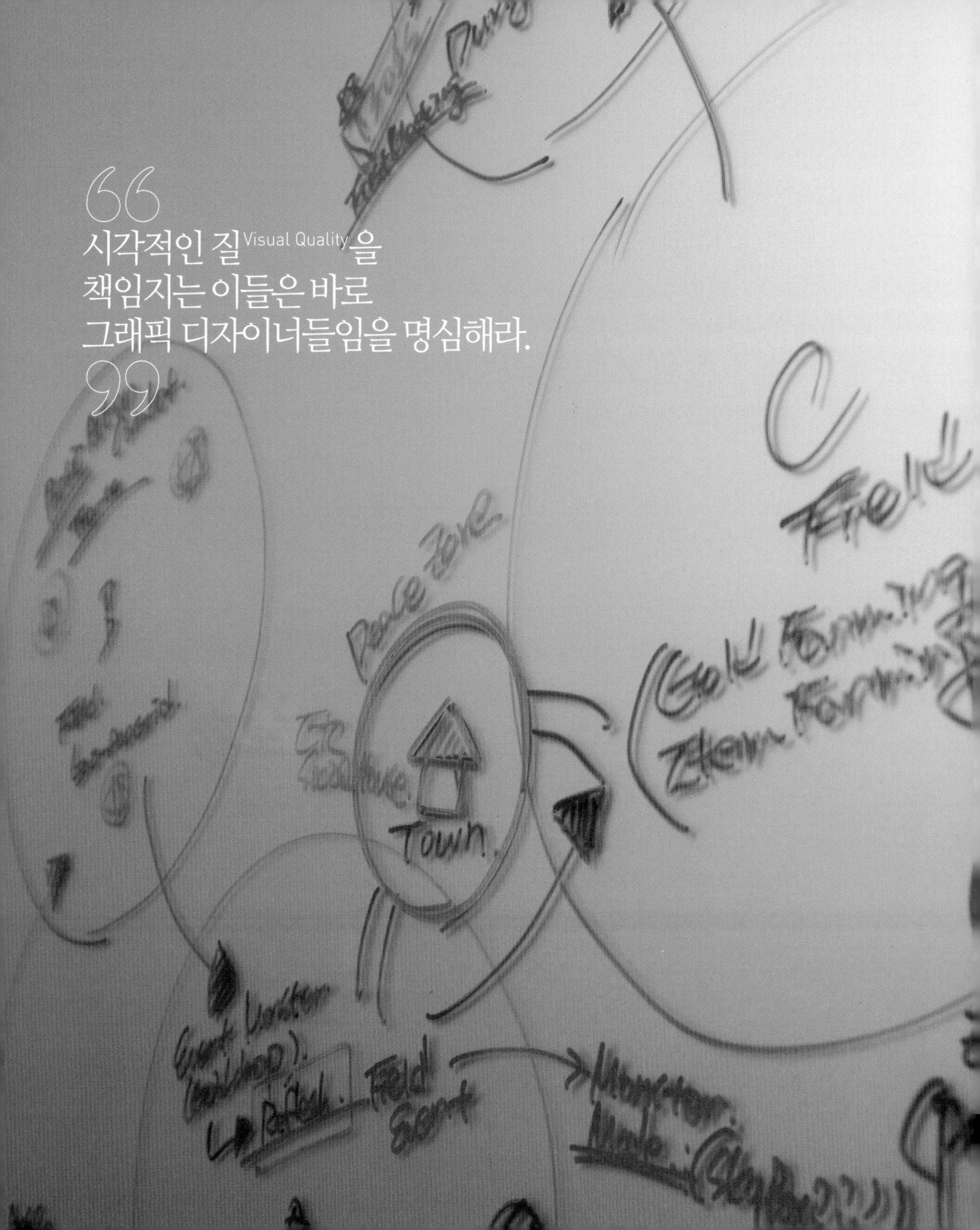

"시각적인 질Visual Quality을
책임지는 이들은 바로
그래픽 디자이너들임을 명심해라."

:: 신입의 취직기 1

게임을 좋아하고, 게임 관련 학과를 졸업해서 무사히 게임 회사에 들어온 후,
현재 열심히 게임을 만들고 있는 이모 군의 이야기

1. 게임 회사에 들어가기 전에 준비한 것

게임 회사에 들어오기 위해 특별히 무언가를 준비했던 것은 아니었습니다.

'내가 남보다 유리했던 점이 무엇이었을까?' 하고 생각을 해보면, 아마도 학교에서 진행했던 '졸업 작품 프로젝트를 통한 개발 경험이 아니었을까?'라고 생각합니다. 게임 관련 학과를 나왔기 때문에 학교 수업 과정에서 자연스럽게 게임을 만들게 되었고, 이 경험이 제일 큰 도움이 되었습니다.

게임 학과라고 해도 구체적으로 무엇을 어떻게 해야 하는지를 학교에서 가르쳐주지는 않았습니다. '지금은 초기 단계이니 무엇을 해야 하고, 진행 단계에서는 어떤 것을 조심해야 하고, 우선적으로는 무엇을 결정한 다음에는 어떤 부분들을 고려해야 하고…' 이렇게 친절하게 가르쳐주길 기대했지만 수업이 그렇게 진행되진 않았습니다.

수업을 가르치는 교수님들이 현업에서 활동하는 경우도 적은 편이었고, 현업에서 활동하셨어도 오래전의 일이라 빠르게 변화하고 있는 게임 업계의 현실을 보면 교수님들의 구체적인 경험은 현재의 개발 환경에 적용하기에는 어려운 부분들이 많으니 구체적으로 방법을 알려주는 것보다는 생각하는 방법을 알려주는 것, 생각해서 스스로 답을 찾아야 한다는 것을 알려주었던 것 같습니다.

게임 디자인이라는 영역이 정답이 있는 분야가 아니고, 개념이나 생각하는 방법에 대한 영역이기 때문에 수업 자체가 탁상공론에 가깝게 느껴지는 내용들도 있고, 학생일 당시 내가 알고 있는 정보나 지식의 수준 또한 매우 빈약했기 때문에 너무 포괄적인 내용의 수업은 이해하기 어려웠던 것도 있었습니다. 하지만 아무것도 모르는 학생의 입장에서는 무언가 구체적이고 자세한 설명을 듣고 싶은 욕구도 많은데, 이런 실질적인 이야기들은 학교 수업보다는 현업에 나가 있는 선배들의 조언이 훨씬 더 많은 도움이 되었습니다. 다행히 게임 관련 학과이다 보니 현업에 나가 있는 선배들도 있었고, 그 선배들이 적극적으로 와서 알려주셨습니다.

2. 도움이 되었던 수업

학교 수업에서 알려주는 것들 중에는 너무나 막연한 이야기들도 있는데, 아는 것이 전혀 없는 신입생의 입장에서는 당장 도움이 되었다고 느껴지진 않았습니다. 무언가 기반 지식이 있었다면 교수님들이 말씀하시는 것들에 대해 이해가 될 텐데, 질문도 아는 사람들이 한다고, 아는 것이 아무것도 없는 상태에서는 무언가를 듣고 있어도 그냥 막연하게 들릴 뿐이었습니다.

나의 경우엔, 개념이나 생각에 대해서 토론하는 수업보다는 생각하고 있는 게임의 규칙들을 보드 게임 형태로 만든 수업과 기획서/사양서 등을 작성해보는 수업들이 많은 도움이 되었습니다. 학교 수업 중에 보드 게임을 하나 만들어본 적이 있었는데, 실제로 게임을 만드는 것이니 재미도 있고, 어떤 게임을 만드는 게 좋을지 생각해보는 것도 좋고, 만들어본 결과물을 갖고 플레이도 해보고, 피드백도 받으면서 게임 하나를 완성해나가는 건 뿌듯했습니다.

문서를 작성하는 것은 실질적인 기술이라고 할 수 있으니 역시 많은 도움이 되었습니다. 그 전에는 기획서/사양서라고 해도 어떻게 써야 하는지에 대해 막연한 생각을 갖고 있었습니다. 실제로 프로그래머들을 위한 문서를 쓰려면 어떤 것들이 명시되어야 할지 해보기 전에는 잘 알 수 없는 부분들이 많았습니다. 문서를 통해서 어떻게 생각을 전달하느냐 하는 것은 입사하자마자 필요한 것이니까 회사 내에서 일을 진행할 때 큰 도움이 되었습니다.

3. 졸업 작품 프로젝트

학교 수업 중 가장 도움이 되었던 것은 졸업 작품 프로젝트입니다. 졸업 작품으로 학생들끼리 팀을 짜서 프로젝트 하나를 진행하는 것이었습니다. 어떻게 진행해야 하는지를 가르쳐주지 않고 그냥 팀을 짠 다음 그 안에서 리딩 역할을 하는, 매니지먼트를 담당하는 이가 결정됐습니다. 그러면 팀 안에서 무슨 게임을 만들 것인지 서로 얘기해서 결정하고 진행하며, 졸업 전에 완성해야 하므로 일정도 잘 짜야 했습니다.

일단, 처음부터 끝까지 게임이 어떻게 만들어지는지 경험해볼 수 있으니까 제일 많은 공부가 되었습니다. 돌아가는 게임을 만들어보니 뿌듯하기도 하고, 돌아가는 게임을 만드는 것만으로도 힘들기 때문에 게임 디자인적 고민을 하기는 힘들었습니다. 제가 할 땐, 각자 하고 싶었던 것들을 하나씩만이라도 넣자고 욕심을 부려보기도 했었습니다.

4. 게임 디자이너 지망생들에게 하고 싶은 말

게임이라는 것이 결국에는 소설이나 영화와 같은 문화 산업이고, 좋은 콘텐츠를 만들어야 하는 분야이기 때문에, 콘텐츠를 만들어내는 능력이 중요하다고 생각합니다.

경력이 어느 정도 쌓이면 일하는 방법을 좀 알게 되니까 기술적인 부분들은 언제든지 습득할 수 있는 것이고, 정말 중요한 것은 어떤 문제에 대해서 창의적으로 접근하고 해결하는 능력, 새로운 것을 제시할 수 있는 능력들입니다. 지금 당장 취직을 위해서라면 내가 가고자 하는 회사에서 필요로 하는 기술만 집중적으로 터득하면 됩니다. 하지만 앞으로 몇 년이라도 게임을 만들면서 살아가겠다고 생각을 한다면, 콘텐츠를 창조해낼 수 있는 사람이 되어야 합니다. 더 빠르고, 더 효율적으로 기존에 존재하는 가치를 따라가는 것은 1등을 따라잡기 위한 2등의 능력입니다. 하지만 1등이 되기 위해서는 최고의 것을 따라가는 것이 아니라 그 이상의 것, 새로운 가치를 발견하고 그것을 구체화할 수 있어야 합니다. 그리고 이러한 능력은 다양한 경험을 통해서 습득할 수 있습니다.

매일 컴퓨터 앞에 앉아서 게임만 하기보다는 밖으로 나가서 다양한 경험을 하고 재미있고 즐거운 것을 많이 느끼고, 그러한 경험을 통해서 즐거움을 찾기 위한 고민을 많이 하십시오. 인생을 즐기는 사람들이 재미있는 것을 만들 수 있습니다.

⁘ 신입의 취직기 2

게임이 너무 재미있어서 게임을 만들고 싶다는 막연한 생각을 하고 있다가 책 한 권을 읽고 게임 개발자가 되기로 결심한 김모 군의 이야기. 현재 김모 군은 S사에서 캐릭터 디자인을 하고 있다.

1. 게임 회사에 들어가기 위해 준비한 것(포트폴리오 내용 등)

게임 개발에 대해 아무것도 몰랐다가 한 권의 책으로 꿈을 찾게 되었고 목표를 향해 달려갈 수 있게 되었습니다. 게임을 좋아하던 학생이었고, '게임을 좋아하니까 게임 개발자나 해볼까'라는 막연한 생각을 하고 있을 때 한 권의 책을 구매하게 되었는데, 바로 현재 읽으시는 《게임 디자이너되기》라는 책이죠. 완독을 마친 후 들었던 생각이 정확하게 기억나지는 않으나, 살면서 처음으로 열정의 두근거림을 느끼게 되었습니다. 처음에는 단순하게만 생각하고 있었는데 책을 통해 게임 개발자들 중에서도 다양한 파트가 존재한다는 것을 알게 되었고 어떤 일을 하는지도 어렴풋이 이해하게 되었습니다. 그렇게 게임을 만들며 멋지게 사는 자신의 모습을 상상하게 되었고, 다양한 파트 중에서 게임 디자이너가 가장 마음에 들었습니다. 목표를 잡고 프로그래밍 공부를 시작했는데, 제대로 된 공부를 하고 싶다는 생각에 게임 학과가 있는 대학교에서 공부해보기로 결심하였습니다.

게임에 자신의 경험과 생각을 더 많이 담아낼 수 있는 파트가 게임 디자인이라는 생각에서 전공을 정했습니다. 그 후 전공 파트 공부 외에도 유니티 등의 엔진으로 하나의 맵을 만들거나 모델링을 해보기도 하고, 1인 개발로 간단한 게임을 제작해보기도 했습니다. 그리고 물론 팀 프로젝트를 통해 팀원들과 게임을 제작해서 상을 받기도 했습니다. 실제로 사람들과 게임을 만드는 것이 신기하기도 하고 팀원과 함께 개발하면서 성장하는 느낌도 좋았습니다. 하지만 회사에, 팀에 들어가기 위해서는 세부적인 파트에 어울리는 사람으로 성장해야 합니다. 교수님들과 학교 선배들에게 수차례 상담을 하고, 게임 디자인의 여러 파트 중에서 '전투 디자인' 파트가 가장 나에게 잘 어울린다는 것을 깨닫게 되었습니다. 이후에는 전투 디자인에 어울리는 공부를 진행하기로 마음먹고, 졸업 작품 프로젝트로 턴제 RPG로 프로토타입도 만들어보면서 실제로 무엇이 중요한지를 경험할 수 있었습니다. 그렇게 당시 졸업 작품에서 일반 몬스터와 보스 몬스터에 대한 전투 디자인을 진행했던 점을 잘 살려 포트폴리오로 만들게 되었고 사람들이 잘 알고 있는 액션 게임 프로젝트 회사에 취업할 수 있게 되었습니다.

2. 도움이 되었던 수업

먼저 가장 크게 도움이 되었던 건 '데이터 설계'라는 수업이었습니다. 이 수업을 듣기 전에는 모든 게임을 제작할 때 생각나는 대로 한 번에 구현하고 그래픽을 붙여 게임을 제작하는 줄 알았습니다. 하지만 '데이터 설계' 수업을 듣고 나서는 게임의 콘텐츠가 다양하게 보여도 특정 규칙으로 이루어진 부분이 있다는 것을 배울 수 있었습니다. 아마 프로그래밍을 배우신 분이라면 객체지향이라는 말을 듣게 되실 텐데 이 부분과 매우 밀접하게 연관된 학습이라고 생각하시면 됩니다. 세부적인 것을 인터뷰에서 알려드릴 수는 없으나 RPG 게임에서 수많은 캐릭터, 다양한 던전과 몬스터 등이 빨리 제작될 수 있는 이유를 게임 디자이너로서 고민하고 배우고 싶다면 꼭 공부하는 것을 추천해드리고 싶습니다.

이 외에 '게임 구조 분석'이라는 수업도 굉장히 놀라웠습니다. 흔히 캐릭터를 조작하고 몬스터와 싸우게 하면 다 만들었다고 생각하지만, 플레이어가 게임에서 목표를 가지고 진행할 수 있도록 다양한 루틴을 만들어주어야 합니다. 아마 게임을 해보면 몬스터를 죽였을 때 골드가 나오거나, 퀘스트를 깨고 나면 강화 보상이 주어지거나, 던전을 깬 후 경험치를 얻는 등 이미 캐릭터의 성장을 다양한 방식으로 느껴보셨을 겁니다. 좋은 게임 디자이너라면 성장 요소를 어떤 식으로 묶고, 어떻게 안내할지에 대해 고민하여 유저가 의도를 가지고 편하게 플레이할 수 있도록 해주어야 합니다. RPG 요소가 들어가는 게임을 좋아하신다면 해당 공부도 추천하고 싶습니다.

이외에도 게임 디자인에 관련한 다양한 공부가 있습니다. 하지만 데이터 설계, 게임 구조 분석 수업이 가리키는 방향은 하나라고 생각합니다. 바로 게임 디자이너가 게임을 만드는 의도를 위해 설계를 한다는 것입니다. 플레이어 루틴을 만들기 위한 설계, 게임을 효율적으로 데이터를 만들기 위한 설계를 말이죠. 설계라는 말이 굉장히 많이 나오는데 왜냐하면 저희는 '게임 디자이너'이기 때문입니다. 어떤 공부를 하시든 게임 디자이너는 설계자라는 생각을 갖고 하면 많은 도움이 될 것입니다.

3. 졸업 작품 프로젝트 진행에 대한 본인의 경험

대학교에서 이론 수업 외에도 도움이 되었던 수업을 말해보라면 역시 졸업 작품 프로젝트라고 생각합니다. 졸업 작품 프로젝트를 하기 전부터 저는 확고한 방향성을 갖고 있었습니다. '전투로 취업에 도움이 될 법한 프로젝트를 만들고 경험해보는 것'이 제 목표였죠. 그렇기에 액션 전투가 들어가는 게임을 만들려고 하였으나, 사실 학생이 만들기에는 난이도가 매우 높습니다. 물론 당시에는 잘 몰랐습니다.

만들고자 했던 액션 게임은 3인칭 시점의 전략 액션 게임이었습니다. 칼과 방패를 든 탱커 캐릭터와 낫을 들고 범위 공격에 유리한 딜러 캐릭터를 변경하며 상황에 맞게 전투 전략을 펼치는 게임이었죠. 유저가 탱커나 딜러로 변경하는 상황을 만들기 위한 적절한 몬스터 등 나름대로 다양한 전략을 고민하면서 액션 게임을 만들어보고자 하였습니다. 하지만 막상 프로토타입을 만들어보니 좋은 액션 게임을 만들기 위한 기본적인 발판을 마련하지 못했다는 것을 깨달았습니다.

지망생 초기에 바라보았던 액션 게임은 캐릭터의 전투 콘셉트나 다양한 액션 요소를 통해 적들을 무찌르면서 짜릿하면서도 화려한 느낌을 직접 몸으로 전달받는 게임으로 생각하고 있었습니다. 하지만 게임은 내가 직접 움직이는 것이 아니라 화면 속의 캐릭터가 움직이는 것입니다. 여기서 키보드나 마우스를 통해 조작할 때 게임 캐릭터가 원하는 타이밍에 맞게 움직이지 않는다면 유저는 불쾌감을 느끼게 될 것입니다. 바로 지망생 때 저는 이러한 부분을 완전히 모른 채 액션 게임 개발에 도전했던 것입니다. 이동 버튼을 눌러서 움직이거나, 마우스를 돌려 캐릭터가 바라보는 방향을 바꿔주거나, 칼을 휘둘러 적을 때릴 때의 연출 상황 등을 제대로 고려하지 못한 채 만들고 있었던 것이죠. 이것을 간과한 채 초기에 만들고자 했던 게임의 콘셉트만 넣으니 제가 즐겨왔던 메이저 액션 게임들의 재미를 전혀 담아내지 못하고 있었습니다. 그래서 액션 게임의 기본적인 재미라고 할 수 있는 조작감과 타격감을 만들기 위해 큰 노력을 하게 되었고 이러한 경험을 토대로 액션 게임에서 어떤 순서로 개발을 진행해야 하는지에 대해서도 경험할 수 있었습니다.

졸업 작품으로 자신이 생각했던 게임을 만들 때 플레이어 시절에는 보이지 않던 부분을 경험할 수 있습니다. 플레이어에서 게임 개발자로 진화하게 되는 순간들을 말이죠. 자신이 게임 개발을 위해 어느 정도 공부를 진행했다면 꼭 게임을 만들어보는 시간을 경험하시길 추천해드리고 싶습니다. 상상했던 것과 달리 모든 것은 순조롭게 흘러가지 않고 그것들과 맞서며 강해지는 자신을 보게 될 것입니다. 마치 약한 캐릭터가 레벨 업을 하는 과정처럼 말이죠.

4. 게임 디자이너 지망생들에게 하고 싶은 말

많은 분들이 학교에서 알려주는 대로 열심히 한다면 문제없이 취업할 것으로 생각하고 입학할 거라고 생각합니다. 하지만 학교에는 이미 어린 시절부터 게임 개발에 관련된 공부를 많이 해보고 온 학생들이 많았습니다. 잘하는 학생들을 보며 기가 죽어 제대로 된 공부를 하지 못하는 이들의 사례도 많이 보았습니다.

게임 디자이너가 되기 위해서는 두려워하지 않고 앞으로 나아갈 수 있는 용기를 가지라고 말씀드리고 싶습니다. 아무것도 몰랐던 제가 게임 디자이너로 일하고 있는 이유는 많은 사람에게 생각하고 있던 부분을 공유하고 피드백 받았던 자세 덕분이었다고 생각합니다. 특히 책의 저자인 진영 선배님께 항상 감사드리며 많은 조언을 해주신 덕분에 게임 디자이너로 살아가고 있습니다. 자기 자신의 재능을 빠르게 발견하여 혼자서 앞으로 치고 나가는 사람들도 있지만, 방법을 몰라 진행하지 못하고, 생각은 해도 입 밖으로 내뱉지 못하는 사람들을 많이 봐왔습니다. 관련 서적, SNS 등을 통해 수많은 업계 선배들이 지망생분들을 위해 다양한 정보를 공유하고 알려주려고 하고 있습니다. 이러한 부분들을 활용해 모르는 것이 있다면 꼭 용기를 내어 질문하라고 말씀드리고 싶습니다. 여러분들의 진심 어린 용기에 응해주지 않는 선배들은 없으리라 생각합니다.

Part 3

경력관리

- 왜 게임 회사인가
- 큰 회사, 작은 회사
- 현실적인 개발, 이상적인 디자인
- 포트폴리오 만들기
- 성공한 프로젝트, 실패한 디자이너
- 이직의 시기

:: INTERVIEW : 게임 디자이너들에게 바라다

*본 책에 사용된 사진의 소품들은 저자의 소장품입니다.

Power Stick
Power Stick

왜 게임 회사인가

"왜 게임 회사에 들어오려고 하는 거야?"

"게임, 재미있잖아요."

"회사에서 게임해도 되죠?"

"공부하는 것보다 게임하는 게 더 좋아요."

"먹고살려고요!!!!!"

게임 회사에 들어오고 싶으세요?

왜 게임 회사에 들어오고 싶어 하는가!
왜 게임 디자이너가 되고 싶어 하는가!

게임 하는 것을 좋아해서?

만약, 게임 자체를 즐기고 좋아한다면, 그냥 취미란에 게임을 적어넣을 수 있는 평범한 방법을 추천한다. '좋아하는, 즐기는 일을 하면서 생업도 유지할 수 있다면, 이것도 멋진 일이 아니겠는가?'라고 말하는 사람들도 상당히 많겠지만, 이것은 나름대로 강한 의지력이 필요하다.

일은 일이고 취미는 취미다. 취미가 일이 되는 순간, 자신이 정말 좋아하는 일을 일로서, 생업으로서 하게 되면서도 좋아할 수 있을지는 진지하게 고민해봐야 할 것이다. 생업이 된다는 것은 내가 이 일을 그만두고 싶을 때 그만두지 못하고, 일의 결과에 대해 책임을 져야 하며, 내 마음대로 할 수 없다는 것이다.

취미와 일의 경계에서

만화책을 보는 것은, 만화책 보는 것만 생각한다면 분명히 즐거운 일이다. 이제 만화책을 보는 것이 일이 되어버린다면, 내가 읽어야 할 만화책들이 쌓이기 시작하고, 내가 재미있어하지 않는 장르의 만화책들도 읽어야 하고, 하루에 읽어야 하는 만화책의 분량이 내 의지와는 상관없이 정

해져서 눈이 빠지고 머리가 아플 지경이 되도록 만화책을 봐야 하는 것이다.

만화책을 보고 난 뒤, '아! 재미있었다.'라면서 던져놓을 수도 없을 것이다. 왜 이 만화책이 재미있었는지, 어느 부분이 재미있었는지, 이 만화의 재미는 누구에게 재미있다고 인식될 것 같은지, 여기에서 '재미'의 기준이라는 것은 과연 무엇인지.

만화책을 읽고 나면 그에 대한 장황한 보고서를 써야 하고, 그러고 나면 또 읽어야 할 만화책들이 쌓여 있게 될 것이다.

이 상황에서도 만화책을 읽는 것을 즐거워하고 재미있어할 수 있을까?

시간이 지나가면서 만화책을 보는 일보다 만화에 대해 분석하는 일이 더 많아질 것이고, 하나를 심도 있게 보지 못하고 닥치는 대로 보고난 다음에 닥치는 대로 보고서를 써야 할 것이다.

“
게임 쪽이야말로
지속적으로
공부를 하지 않고서는
살아남을 수 없다.
”

만화를 읽으면서 가졌던 주관적인 즐거움의 가치는 묻혀지고 객관적인 즐거움의 가치에 대해 따지게 될 것이며, 객관적이고 논리적인 것처럼 보이는 온갖 근거들로 과대 포장해야 할 것이다.
하지만 나도 재미있고, 옆 사람도 재미있다고 하는 걸 윗사람은 재미없다며 왜 재미있는지 근거를 제시하라고 한다면… 아니, 재미라는 것은 주관적인 건데 왜 재미있는지를 도대체 어떻게 어떤 부분을 위해서 설명해야 한단 말인가. 너랑 나랑 재미를 느끼는 관점이 다르고 성향이 다른 것을….

취미를 일처럼 할 수는 있지만, 일은 취미처럼 할 수 없다

일, 직업이 된다는 건 이런 것이다.

게임 회사에 들어가면 게임을 많이 할 수 있을 것 같겠지만 딱히 그런 것만도 아니다. 게임 회사에 들어와서 오히려 게임하는 시간이 줄어드는 경우가 상당히 많으며, 게임을 많이 하려면 게임 평론가나 게임 관련 언론 종사자가 되는 것이 가능성이 더 높을 것이다.

공부하는 것보다 게임하는 게 더 쉬울 것 같다고 생각하는 사람들도 있을지 모르겠지만, 게임 회사도 엄연히 먹고 살기 위해 다니는 직장이고, 가격대 성능비를 걱정해서 수익을 내야 하는 회사인지라 근무 시간에 정당하게 놀 수 있을 리가 없으며, 관련된 공부를 하지 않으면서 살아남을 수는 없다. 이 바닥에서 살아남기 위해서는 치열하게 공부해야 한다.

게임을 마음대로 만들고 싶은가?

게임 디자이너가 되면 게임을 원하는 대로 만들 수 있을 것 같은가? 애석하지만 그렇진 않다. 물론, 게임의 규모가 작고 게임 디자이너의 인원이 적다면 그럴 가능성이 크기는 하지만 그것도 결국은 '가능성'일 뿐이다.

게임 디자이너는 전체 게임 중 일부만을 만들 수 있을 뿐, 게임 전체를 내가 원하는 방향으로 만들려면 프로듀서급은 되어야 가능할 것이다. 하지만 이 높은 자리에서도 회사의 사업팀과의 한판 승부에서 이겨야만 그것도 가능하며, 또한 그 자리까지 올라가기에는 온갖 스트레스와 인고의 세월을 거쳐야 가능할 것이다.

게임 회사라고 해도 회사는 회사이며, 회사원 놀이가 아닌 밥줄로서 회사를 다니려면 다른 회사들과 마찬가지로 온갖 회사 일의 스트레스에 시달릴 것이다. 정말 자신이 원하는 게임을 만들고 싶다면 게임 회사를 차리는 것이 오히려 더 현실적일 것이다.

“

그래도 정말
게임 회사에 들어오고 싶은가?

”

A Large-scale Company

A small-scale

큰 회사, 작은 회사

"큰 회사가 좋아, 작은 회사가 좋아?"

"당연히 큰 회사가 좋죠."

"아니, 왜?"

"그거야…. 큰 회사가 아무래도 기회가 더 많지 않겠어요?
배울 수 있는 것도 더 많고, 큰 규모의 프로젝트도 할 수 있을 것이고."

"사람이 많기 때문에 개인의 기회를 잡기에는 더 어렵고,
큰 규모의 프로젝트를 한다는 것은
같은 기간 동안 프로젝트를 몇 개 못한다는 말도 되는데?"

"아. 그럼 작은 회사가 좋은 거예요?

"모든 건 장단점이 있는 법이야."

큰 회사, 작은 회사

모든 회사에는 큰 회사가 있고, 작은 회사가 있듯이,
게임 회사에도 큰 게임 회사가 있고, 작은 게임 회사가 있다.

명확하게 객관적인 기준이 있는 것은 아니지만, 일반적인 생각으로는 큰 게임 회사라면 서비스하고 있는 게임이 2개 이상이면서 수입이 있거나, 대략 정직원이 300명이 넘거나, 상장 회사이거나 등등 안정적인 수입원이 있으면서도 직원 수도 꽤 되는, 그래서 기본 복지도 훌륭한 그런 회사이다.

이보다 더 작은 규모의 게임 회사들은 많지만 상용화된 게임도 없고, 안정적인 자금 유입도 없는 회사들은 가능성이 있는 스타트업이라고 해도 직장으로서는 불안한 요소가 있으므로 여기에선 언급하지 않는다.

작은 회사라고 하면 상용화하고 있는 게임이 하나 정도이거나, 혹은 아직 서비스하고 있는 게임은 없지만 안정적인 자금원을 갖고 있으면서 곧 출시할 게임이 있는, 직원 수도 어느 정도 규모가 있는 회사이다.

	회사명	2019년 종사자	개발 게임
1	엔씨소프트	4,114	아크로드, R2
2	넥슨 코리아	2,621	서든어택, 바람의 나라, 메이플스토리 등등
3	넷마블	789	리니지레볼루션, 세븐나이츠, 레이븐 등등
4	스마일게이트	746	크로스파이어, 로스트아크 등등
5	크래프톤	703	테라, 배틀그라운드 등등
6	웹젠	561	R2M, 뮤 아크엔젤, 뮤 이그니션2, 뮤 오리진2 등등
7	네오위즈	519	스페셜포스, 블레스 등등
8	넷마블몬스터	488	몬스터 길들이기, 레이븐, 퓨처파이트, 나이츠크로니클 등등
9	넷마블네오	473	더 킹 오브 파이터즈 올스타 등
10	엑스엘게임즈	424	아키에이지, 달빛조각사 등
11	카카오게임즈	369	프렌즈마블, 프렌즈팝 등등

프로젝트 진행과 업무 선택에 대한 기회의 차이

회사마다 다를 수 있지만, 큰 회사는 여러 개의 프로젝트가 진행되기 때문에 프로젝트 선택의 폭이 넓어질 수 있다. 아무래도 회사의 규모가 크다 보니 외부보다는 내부에서 필요한 인력을 찾으며, 진행되는 프로젝트의 성격이나 진행 방향에 대해 알기 쉽기 때문에 원하는 프로젝트에 참여할 가능성이 높아진다.

하지만 같은 회사에서는 프로젝트를 옮기더라도 개발하는 방법은 대동소이하기 때문에, 만약 개발 방법이 마음에 들지 않아서 다른 프로젝트를 하고자 한다면, 그때에는 회사를 옮기는 게 더 적합하다.

또한 인원이 많기 때문에 개인적인 능력과 개성보다는 거대한 개발 시스템의 컨베이어 벨트 속 하나의 부품이 될 수도 있어서, 내가 하는 일이 결과적으로 어떤 모습이 될 것인지에 대한 이해 없이 일을 해야 할 수도 있다. 또한, 팀 인원 구성이 많기 때문에 내가 하나의 콘텐츠를 구상해서 만들 수 있기보다는 콘텐츠의 일부만 만들 수 있을 가능성도 높다.

작은 회사는 진행하고 있는 프로젝트의 수가 적으므로 프로젝트를 선택할 수 있는 범위가 적고, 당연히 팀을 구성하는 인원도 상대적으로 적다. 그래서 작은 회사를 선택할 때에는 그 회사가 자신이 원하는 프로젝트를 진행하고 있는지에 대한 꼼꼼한 검토가 필요하며, 만약 자신이 원하는 프로젝트가 아니거나 자신이 원하는 개발 방법이 아니라면 회사를 옮겨야 할 수도 있다.

배울 수 있는 기회와 실행할 수 있는 기회의 차이

큰 회사의 경우는 안정적으로 돌아가는 것을 '보고' 배울 수 있는 반면, 작은 회사의 경우는 몸으로 부딪쳐 '실행하면서' 배울 수 있다.

안정적이지만 새로운 시도를 못 해보는 것과, 불안정하고 미숙하지만 시행착오를 통해 현실적인 틀을 만드는 법을 배우는 것의 차이로, 둘 중에 어느 것이 좋으냐 하는 것은 붉은색이 좋으냐, 푸른색이 좋으냐고 묻는 것만큼 비교할 수 없는 것이다. 어떠한 것이든 배우는 이의 자세에 따라 다르다.

큰 회사들은 게임을 개발하는 규모도 크고, 진행하는 프로젝트의 범위도 넓은 경우가 많으므로 자신이 노력만 한다면, 세세한 과정들을 모두

"사소한 것에서도 많은 것을
배우는 사람이 있고,
모든 것이 있는 상태에서도
아무것도 배우지 못하는
사람도 있다."

볼 수 있고 또한 개발하는 규모가 크다는 것은 인력 구성원도 많다는 말이므로 프로젝트가 아니더라도 동료/선배들을 통해서 배울 수 있는 것들도 꽤 된다.

작은 회사는 인원 구성이 작고 여유가 없다 보니, 개개인에게 실무에 대한 기회는 더 많이 생길 수밖에 없다. 회사의 입장에서는 사람을 추가적으로 뽑는 것보다는 내부의 인력을 최대한 활용하는 방법을 선택할 수밖에 없기 때문에 실무를 할 수 있는 기회가 더 많이 생기는 것이다.

인원이 적다 보니 한 명 한 명에 대한 기대치도 높아질 수밖에 없어서 개개인의 능력을 최대한 활용하기 위해 노력한다. 이것은 개인에게는 기회가 주어질 가능성이 많다는 것이다.

눈으로 보고 배우는 것보다 실질적인 진행을 통해 배울 수 있다고 하니 얼핏 들으면 작은 회사가 더 좋아 보일 수도 있지만, 반드시 그런 것만은 아니다.

나도 어떻게 해야 하는지를 잘 모르는데, 무조건 진행해야 하는 경우도 종종 발생하고, 그러다 보니 흔히 말하는 '삽질'을 하게 되는 경우도 자주 발생할 수밖에 없다. 어떻게 해야 할지 잘 모르는 상태에서 일단 일을 진행해보고, 다시 뒤집어엎고, 또다시 뒤집어엎는 일들이 발생한다. 실제로 해보면 이것도 썩 유쾌한 환경은 아니라는 것을 알 수 있을 것이다.

선택은 당연히 자신의 몫

큰 회사라면, 들어가서 게임 개발 환경을 배울 수 있다. 작은 규모의 팀보다는 큰 규모의 팀이 좀 더 조직적으로 움직이기에 용이한 프로세스를 갖추고 있고, 그런 프로세스들의 장점은 많지만, 인원 구성이 많은 만큼 내가 낸 제안이 실행될 확률은 낮으며, 실행되기까지의 단계도 생각보다 많다. 때로는 내가 제안자임에도 실행자는 내가 되지 않을 수도 있다.

작은 회사라면, 한 사람, 한 사람에게 책임과 의무가 무겁게 부여되기 때문에 몸도 힘들고 예측할 수 없는 현실에 부딪히는 경우도 많이 발생하겠지만, 내가 직접 움직여볼 수 있다는 장점과 나 자신의 장점을 더 빨리 발견할 수 있을지도 모른다.

큰 회사를 선택할 것이냐, 작은 회사를 선택할 것이냐 하는 것은 오롯이 개인의 문제이다. 큰 회사도, 작은 회사도 각자의 장단점이 있기 때문에 어느 곳에 들어가더라도 장점만 취해서 나오는 것 또한 개인의 역량이다.

신입이라면

신입에게는 큰 회사보다는 실속 있는 작은 회사를 노려보라고 충고하고 싶다. 큰 회사는 상대적으로 들어가기 어렵다-들어가고자 하는 이들이 넘쳐나기 때문에 신입이라는 깨끗한 밑바탕에서 자신의 장점을 부각시키기는 어렵기 때문이다. 아니, 과연 자신의 장점을 본인이 자각하고나 있을까?

작은 회사는 아무래도 큰 회사보다는 항상 인력이 더 부족하고 몰리는 인원도 더 적으므로 큰 회사보다는 문턱이 조금 낮다. 경쟁률이 더 낮다는 의미는 서류 심사보다는 대면 심사를 하게 될 가능성이 더 높고, 자신의 가치를 보여줄 기회가 더 많다는 것을 의미한다.

작은 게임 개발사 중에도 게임을 개발하면서 상용화 서비스를 하고 있고, 대박은 아니지만 꾸준히 안정적인 수익을 내고 있는 게임 회사들도 상당수 있다. 이런 회사들도 좋은 환경을 갖고 있으며 안정적인 수입원이 되므로 좋은 선택이 될 수 있다.

경력이 있다면

어느 정도 경력이 쌓이면 회사에 대한 선택권이 넓어진다.

좀 더 넓은 바닥을 구경하고 싶다거나, 안정적인 회사를 원한다면 규모가 큰 프로젝트를 할 수 있는 큰 회사가 좋다. 당연히 안정적인 큰 회사라면 경쟁률이 높을 텐데, 신입으로서 이력서를 내는 것보다는 어느 정도 경력이 있는 상태로, 게임을 만드는 것이 어떤 것인지를 소신 있게 말할 수 있도록 준비된 상태에서 입사 준비를 하는 것이 유리하다. 물론, 그동안 업계에 있으면서 인맥도 늘어났다면 금상첨화다.

개발 과정에 대해 어느 정도 알고 있다면, 큰 규모의 프로젝트에 참여한다고 해도 많은 것을 배울 수 있다. 큰 규모의 프로젝트일수록 많은 사람들이 있고, 각자의 담당 업무가 쪼개져 있어서 정말 내가 맡고 있는 분야 외에는 알기 어려운데, 개발 경험이 있으면 실제로 내가 맡고 있는 일은 한 조각일지라도 큰 그림을 볼 수 있는 식견이 있기 때문이다.

그리고 큰 회사라면 많은 사람들이 걸려 있는 만큼, 데이터 관리라거나 대량 생산을 위한 프로세스 등에 대해서는 효율적인 노하우를 갖고 있는 경우도 있으므로, 대규모 데이터가 움직일 수밖에 없는 MMORPG 쪽에서는 이런 지식을 갖고 있는 것은 아주 유용한 지식이 될 것이다.

선택을 하기 위해서는 우선 나를 알아야 하는 법

큰 회사와 작은 회사는 일하는 방식도 개발하는 관점도 다를 수밖에 없어서 만약 신입이어서 회사에서 개발한 경험이 없다면 실제로 자신이 어떤 곳에 더 적합하고 어떤 환경에 더 맞는지 알기도 어려울 것이다. 회사의 분위기라는 것은 단지 말로 듣는 것만으로는 알 수 없는 법이기 때문이다.

신입이라면 아무래도 선택의 폭이 제한되겠지만, 어느 정도의 경력이 쌓이게 되어 이력서에 적을 것도 생기고, 회사를 보는 식견도 생길 때에 자신을 돌아보고 어떤 환경을 희망하는지 신중히 생각해본 다음 결정해도 늦지 않을 것이다.

큰 회사냐 작은 회사냐
하는 것은 개인의 선택의 문제이다.
각자 장단점이 뚜렷이 있고,
그 안에서 얻을 수 있는 것들도 다르다.

REALITY
IDEAL

현실적인 개발, 이상적인 디자인

"큰 회사라고 해도 생각보다 별거 없네요."

"별 게 없다니?"

"난 이 정도 규모의 게임 회사라면 전문적으로 엔진을 연구하는 팀도 있고,
디자인 쪽에서 실험적인 것도 해보고 그러는 줄 알았어요.
하지만 이건 규모만 크다뿐이지 작은 회사랑 큰 차이가 없는데요?"

"본래 현실과 이상은 다른 법이거든."

남의 떡, 남의 개발 환경

누구나, 어디나, 다 그렇겠지만 남의 떡이 커 보인다.

게임 회사도 마찬가지다. 다른 프로젝트가 더 좋아 보이고, 다른 회사가 더 좋아 보인다. 왜냐하면, 내가 있는 곳은 속속들이 장단점을 잘 알지만, 밖에서 보는 '남의 떡'은 단점은 잘 안 보이고 장점만 부각되어 보이기 때문이다.

어디에나 장단점은 존재하고, 스트레스의 원인이 조금씩 다를 뿐이지 스트레스의 양은 비슷하다. 만약, 지금 환경에 대해 스트레스를 받고 있다면, 다른 곳에 있는 다른 사람들도 비슷한 스트레스를 받고 있다고 생각하면 조금 위로가 될까? 스트레스를 없애고 싶어서 환경을 바꿔보아도 쉽게 해소되지는 않을 것이다. 좋은 장점을 보고 팀을 옮겨도 그 안에는 예상치 못한 다른 단점도 있기 마련이다.

게임 디자인의 환경은 회사마다, 회사 내의 프로젝트마다, 같은 프로젝트에서도 맡고 있는 분야마다 다르다. 게임 디자인의 체계는 잡혀 있지 않은데, 아, 물론 여기에서 말하는 체계는 '어느 회사에나', '어느 프로젝트에서나' 잘 맞아떨어지는 일괄적인 컨베이어 벨트 체계를 말하는 것이다.

사실 객관적인 체계를 잡는 것도 불가능하다고 생각하지만...

잘나가는 게임 회사라고 해서 개발 환경이 좋을 것이라고 생각할 수도 있겠지만, 오히려 개발 환경은 개발 인원이 작은 회사-팀이 더 좋을 수도 있다. 개발에 있어서 가장 필요한 것은 소통Communication으로 작은 팀은 인원이 적기 때문에 서로 이야기할 기회도 많고 문제점이 있어도 금방 발견하기 때문이다.

회사에서 인재를 키울 것 같겠지만…

이제 우리나라는 명실공히 최고의 게임 개발국의 지위를 갖고 있다. 특히 MMORPG 부분을 보면, 외국의 세미나들을 보아도 국내에서 이미 예전에 알고 있었던 내용들을 최근에서야 이야기하는 경우도 많다. 이쪽 분야에서만은 우리나라 개발자들이 갖고 있는 노하우가 우월하다.

하지만, 게임 디자인이라는 분야만 놓고 본다면 어떨까?
게임 광고를 보면 '안정적인 서버 환경', '화려한 그래픽'만을 외치고 '견고한 게임 디자인'이라는 말은 찾기 어렵다. 물론, 게임 디자인이 얼마나 잘 되어 있느냐 하는 것은 이미지 한 장, 동영상 하나, 10여 분 동안의 테스트 플레이 같은 짧은 시간에 인지시키기는 어렵기 때문에 광고 카피로 잘 사용되지 않는 것도 있다.

차별화된 게임 디자인을 내세우고 있는 게임, [군주온라인]. 군주온라인은 다른 게임들과 비교해서 경제와 정치의 차별점을 확실하게 갖고 있는 게임이다.

내가 경험해보지 않은 곳에 대한 막연한 환상에서 벗어나야 한다. 현실은 생각보다 각박하고, 환상으로 꿈꿔왔던 로망은 절대 없다.

게임을 만들고 싶다는 열정만으로 모였을 때, 어떻게 해야 게임을 만들 수 있을까를 고민할 때에는 오히려 게임 내부의 것, '어떤' 게임을 만들어야 할지에 대해 고민하고 노력하던 것에 비하면, 어떻게 게임을 만들 수 있는지를 알게 된 지금은 오히려 게임의 본질적인 것보다는 쉽게 눈에 띄는 것 위주로 개발 방향이 치우쳐가는 것 같아서 애석하다.

프로그래머나 그래픽 디자이너들은 실무에 필요한 기본적인 기술들을 배워서 입사할 수 있지만, 게임 디자이너들에게 필요한 기술Skill이라는 것은 아주 일부분일 뿐이고, 게임 디자이너에게 진정으로 필요한 것은 생각하는 머리Design이다. 하지만 그 머리를 가르쳐주는 곳은 없다.
게임을 만들기 위한 구조나 기술 등은 약간의 센스만 있으면 옆에서 보는 것만으로도 쉽게 배울 수 있지만 생각하는 방법, 생각을 풀어내는 방법 등 '디자인'하는 방법을 알려주지는 않으며, 그리고 사실 디자인하는 방법을 알려주는 것은 어렵다.

생각하는 법을 배울 수 없는 것은 여러 가지 현실적인 이유들도 있겠지만, 그에 우선하는 것이 게임은 상업적인commercial 것이라는 점 때문에 시장에서 실무를 배우는 것이 가장 효과적이다. 그래서 게임 디자인은 게임을 만들어봐야 일을 배울 수 있고, 단련될 수 있는 것으로 현업에 뛰어들어 봐야 터득할 수 있는 것도 생기는 것이다.

신입으로 취직하는 신입 디자이너들은 기본적인 기술과 완성되지 않은 생각들을 가지고 회사에 들어오게 될 것이고, 무언가 현실적이고 구체적인 것을 배울 수 있을 것이라고 기대하기 마련이지만, 그렇게 원하는 대로 일을 배우지는 못한다. 터득하면 살아남는 것이요, 그렇지 못하면 도태된다.

단지, 운이 좋아서 좋은 사수를 만난다면 생각한 것을 어떻게 정리하고, 무엇을 기준으로 삼아야 하며 그 기준에 맞춰서 어떻게 생각들을 정리해서 덧붙여나갈 수 있는지는 배울 수 있을 것이다.

게임 개발, 특히 게임 디자인 환경은 그다지 좋다고만은 할 수 없다. 명성 있는 게임 디자이너들이 있긴 하지만, 사실 좋은 게임이라는 것은 한 명의 게임 디자이너가 훌륭하다고 좋은 게임이 나오는 것이 아니라 좋은 팀워크로 만들어진다. 좋은 리더도 필요하지만 좋은 팀원도 필요하다. 그리고 그 팀워크를 만들어주는 좋은 환경은 개인이 어떻게 할 수 없는 것으로, 그 환경은 회사에서 만들어줘야 하고, 그렇게 인재를 키워야 하는 것이지만 애석하게도 게임 디자이너를 키워주는 회사는 많지 않다. 그저 잘하는 사람을 데려다가 앉혀놓을 뿐이다.

리더가 장기적인 비전을 제시해야 하지만…

게임의 프로젝트를 총지휘하는 이들을 'PD'라고 부른다. 즉 프로듀서로 말 그대로 게임 제작에 관련된 모든 일을 총괄하고 책임을 지는 자리이다.

그렇다고 이 프로듀서가 게임을 모두 만드는 것은 아니다. 만약 그에게 10년 이상의 시간을 준다면 모르겠지만…(그것은 현실적으로 불가능하다.). 그래서 프로듀서가 만들 게임의 방향성을 제시하면, 게임 디자이너들은 그 방향성에 맞는 아이디어를 제안하고, 선택된 아이디어들을 체계화해서 게임을 만들게 된다.

"

디자이너는
이상을 추구하고 싶지만,
현실을 무시할 수는
없는 법이다.

"

그래서 PD가 제안하는 방향성이라는 것은 게임 제작에 있어서 아주 중요하다. 게임 디자이너들의 취사선택도 중요한 일이겠지만, 그에 앞서 방향성 제시를 잘해주어야만 좋은 게임 디자인들이 나올 것이 아니겠는가! 방향성이라는 것은 수많은 팀원들이 한 방향을 바라볼 수 있도록 해주는 나침반과 같은 것이니 말이다.

물론, 최악의 경우를 말하는 것이고, 모든 현실이 이렇지는 않다. 이런 현실도 있다는 것만 알아두자.

하지만 현실이 과연 그러할까?
큰 그림을 그리지 못하고 눈앞에 닥치는 것들을 하라고 던져주거나 방향성을 제시하는 것이 아니라, 지금 당장 해야 할 일들을 알려준다. 이렇게 되면 게임 디자이너들은 창의적으로 새로운 디자인을 하는 것이 아니라 눈앞에 닥친 것, 구체적으로 주어진 것들만 할 수밖에 없다. 물론, PD가 세세한 것들을 모두 챙길 수 없으니 여기저기에서 사소한 문제들이 발생하지만, 지금 내가 만드는 것이 비행기인지 배인지도 모르는 게임 디자이너들은 무슨 문제가 발생할지 짐작도 할 수 없고 무엇을 더 유심히 봐야 하는지도 알 수 없으므로 역시 문제가 발생하기 전에는 짐작하지 못하게 된다.

방향성이라는 것은 정답이 없기 때문에 방향성이 틀린 것은 없다. 단지 방향성인지 아닌지가 있을 뿐으로, 그 목적이 정해진다면 그 목적으로 갈 수 있는 방법을 찾고 구체화하면 되는 것이다.

물론, 많은 사람들이 모여 있기에 그 목적이라는 것을 쉽게 정할 수는 없겠지만 본래 결정이라는 것은 과감하게 해야 하고, 오히려 그 목적과 과정이 분명하다면, 그래서 디자인 의도라는 것이 분명하다면 설사 실패했다고 할지라도 어떤 부분에서 실패했는지를 알 수 있을 것이다. 하지만 만약 그것이 없고, 그냥 닥치는 대로 만들다 보면 성공해도 대체 무슨 요인 때문에 성공했는지를 모를 것이요, 실패를 하게 되더라도 무슨 요인 때문에 실패하는지 모를 것이다.

창의적인 게임을 만들 것 같죠?

게임을 만드는 이들. 특히 게임 기획, 게임 디자인을 하고자 하는 사람들은 공통적으로 자신이 무언가를 만들고 싶어서 이쪽으로 오는 경우가 많다. 스스로 무언가를 만들고 싶어서 좀이 쑤셔서 뭔가 하나 해보겠다고 오는 그들의 상상력은 무궁무진하고 그들의 꿈은 저 하늘보다도 더 푸르고 더 높다.

그래서 결심을 하고 회사에 들어오면 창작의 욕구에 몸부림치겠지만, 게임 개발이라는 것이 많은 돈이 들어가기 때문에 자기 돈만으로 게임을 만드는 것은 어렵고 팔지 않아도 되는 게임을 만드는 회사도 없다.

그러다 보면 게임을 만드는 것은 꽤 쉽게(?) 진행된다. '옆 동네에 이런 게임이 재밌더라!'라고 하면 그걸 만들고, '일단 남들도 다 하는 건 이런 거니까.'라고 하면서 그걸 넣고, '요즘의 대세는 이런 거지.'라고 하면서 아무거나 쑤셔넣어서 이런 성향, 저런 성향을 조금 섞어서 정체를 알 수 없는 키메라Chimera를 만들어내는 것이다.

키메라
여러 동물의 형상이 한 몸에 섞여 있는 괴물을 말한다.

염소의 몸통에 사자의 머리와 뱀의 꼬리를 붙여놓으면, 결론은 아무것도 아니다. 염소를 좋아하는 이들도 싫어할 것이고 사자를 좋아하는 이들도 싫어할 것이므로 특별한 의도 없이 뒤섞어놓는 것이 좋은 결과를 볼 수 있을 리 없다.

사실 디자인이라는 것은 정답이 없다. 대다수의 사람들이 선호하는 것이 있긴 하지만 대중은 현재 있는 것만을 좋아할 수 있을 뿐이다. 그리고 고객을 끌고 나가려면 기존에 있는 것은 이미 그걸 좋아하고 있을 것이기 때문에 그들이 정말 좋아할 것이지만 현재 없는 것을 찾아야 한다.

고객은 오히려 주관이 뚜렷한 것, 자신의 주장이 명확한 것을 더 좋아한다. 그런 게임들에게 충성 고객이 생기는 것이고 그 안에서 신뢰가 생기는 것이다. 무조건 해달라는 대로 다 해주는 아이가 효자가 될 가능성이 적은 것처럼 해달라는 대로 다 해주는 것을 좋아하지는 않는다.

게임을 만드는 이들도 게임을 하는 유저일 뿐으로 그저 자신들이 좋아하는 것을 만들고, 그들과 비슷한 성향을 가진 고객층이 환호하면서 그 제품의 주요 고객이 되는 것이다. 본래 이 세상의 100%를 만족시키는 것은 없다.

하지만, 현실은 카피캣

성공한 게임을 가져와 그대로 만드는 경우도 많다. 본래, 성공하면 벤치마킹이요, 실패하면 카피가 되는 법이듯이, 카피캣도 잘하면 성공할 수 있고, 안정적으로 시장에 진입할 수 있다.

하지만 이건 사업을 하는 사람들 입장이고, 게임 디자이너들 입장에서는 새롭고 참신한 것, 아이디어가 번뜩이는 것을 만들고 싶어 하지만, 애석하게도 이건 무척이나 이루기 어려운 현실이다. '참신하고 새로운 것'을 만들려면 일단 게임 제작을 통솔할 수 있는 위치에 올라가야 하며, 올라가더라도 성공한 게임 이력이 몇 개는 있어야 할 것이다.

그래서 게임 디자인의 '디자인'이라는 말이 기본적으로 갖고 있는 어감, 즉 신선하고 새롭고 실험적이며 가슴을 두근거리게 만드는 그 무엇을 누리기가 어렵지만 그렇더라도 게임 디자인이라는 것을 선택한 이상은 계속 그 마음을 갖고 있어야 한다.

가장 이상적인 것은 이론을 세우고 검증을 해보는 것이지만, 이론을 세우는 것만으로도, 실질적인 검증은 못하더라도, 가상으로 그 결과를 예측할 수 있으므로 가치 있는 법이다.

게임 개발 일정에 구현 일정은 있지만, 디자인 일정은 없어요

상용화 서비스를 하고 있는 팀이건, 아직 순수 개발팀이건 일정을 짜는 규칙은 간단하다. 언제 결과가 나와야 하는지가 찍힌다.
3개월 뒤가 마일스톤이라거나, 6개월 뒤에 업데이트라거나, 1년 뒤에 오픈이라거나 그런 식으로 최종 목적지에 대한 시간이 잡힌다.

Milestone
단계의 완료나, 중요 산출물의 완료, 의사 결정 시점 등 프로젝트 일정상 중요한 시점을 나타낸다.

최종 결과 앞에는 보통 테스트 기간이 잡힌다. 개발되고 있는 수준에 따라 다르지만, 테스트, 버그 수정, FunQA Fun Quality Assurance 등의 소위 말하는 튜닝 기간이고 검수 기간이다.

그럼 당연히 그 앞에는 구현 일정이 놓이게 된다. 테스트 기간이 물리적으로 최소한 어느 기간이 필요하다는 것과 마찬가지로 구현 일정도 물리적으로 필요한 기간이 있으므로 그 기준에 준해서 일정이 잡히게 된다. 간단한 시스템 하나 구현하려면 2주가 필요하다거나, 몬스터 하나 만들려면 한 달이 필요하다거나, 지형 하나를 만들려면 3개월이 필요하다거나 등등. 팀의 환경과 인력 구성 등에 따라 다르지만 팀 안에서는 대체적으로 필요한 기간에 대한 기준이 있다.
프로그래밍 일정(구현 일정은 보통 3개로 나뉜다. 즉 프로그래밍 일정, 그래픽 일정, 게임 디자인 일정.)은 기술적 구현, 그래픽 일정은 리소스 생산, 게임 디자인 일정은 기술적 구현이 완성되면 필요한 리소스를 조립하여 게임에 얹는 것이다. 그래서 실제로는 3개의 파트에서 진행되지만, 동시에 진행이 되는 것은 한계가 있고, 최종적으로 모든 자원이 게임 디자인팀으로 모여서 의도에 맞게 조립된다.

구현 일정 전에는 기획 일정이 있다. 본 기획 일정은 게임 디자인 일정이 아니고, 기획 일정이다.

이번 마일스톤에 무엇을 할지, 무엇을 해야 할지에 대한 목록이 있다. 이걸 다 할지 일부만 할지, 뭐가 구현이 가능한지 불가능한지를 검토하는 이 기간에 게임 디자이너와 프로그래머와 그래픽 디자이너들의 살벌한(!) 전쟁이 벌어진다.

이것은 꼭 되어야 한다는 게임 디자이너들의 주장과 구현하기에 문제가 많다는 프로그래머들의 주장이 부딪히기도 하고, 기간 안에 그 정도 수량을 만들 수는 없다고 주장하는 그래픽 디자이너들 사이에서 설전이 벌어지기도 한다. 한마디로 조율의 기간이다.

그전에는 문서 작성의 시간이 있다.

문서 작성이라는 것은 무엇을 할지에 대해 정리하는 것이고, 당연히 그에 대한 것이 정리가 되어야 다른 팀들과 조율 작업을 할 것이 아닌가! 물론, 세부 문서는 조율이 끝난 뒤에 작성해도 되지만 기본적인 개념 문서는 필요하다. 이 과정에서 구체적인 생각이 정리되고 게임 디자인 내부에서 일의 우선순위라거나 서로의 연계성 등에 대한 조율이 일어나게 된다.

자, 그럼 순수한 게임 디자인의 일정, 창작의 시간은 어디에 있을까?

애석하지만, 없다.

일정 시간 안에 아이디어를 내라고 아이디어가 나오는 것은 아니지 않은가! 그저 미리 생각해놓은 아이디어 뱅크 안에서 취사선택으로 꺼내는 것뿐.

일정 시간 안에 창작을 해야 한다는 것도 우스운 일이며, 그 생각들에 대한 시장 상황을 조사해서 객관적 근거를 만드는 일이 필요하지만(그리고 아마 게임이 아닌 다른 기획팀은 여기에 가장 큰 시간을 할애하지 않을까?), 이것을 위한 특별한 일정을 만드는 경우는 흔하지 않다. 특히 상용화하고 있는 게임이어서 일정이 빠듯하게 돌아가는 경우는 더욱더.

일견 생각하면 무엇을 해야 할지에 대한 치열한 아이디어 공방에서 가장 많은 시간을 할애해야 할 것 같지만 이것은 그냥 '당연한' 일이다. 무슨 말이냐 하면, 이것은 특별한 일정을 받아서 일정 기간 내에 하는 것이 아니라 그냥 항상 하고 있어야 하는 일인 것이다. 앞으로 무엇을 해야 할 것인지에 대해 계속 생각하면서도 현재 진행되고 있는 일들을 모두 지켜보고 조절해야 하며, 지난 일들에 대해서도 문제점들을 해결해야 한다. 그게 게임 디자이너들의 일이다.

실제로 게임을 만들어보면, 게임을 만든 그 폭풍 같은 현실 속에 있게 되면, 몸은 몸대로 힘들고, 이렇게 어렵게 개발하지 않아도 될 것 같지만, 현실은 그렇지 못한 것 같다.

게임 디자이너라면 게임 자체에 대한 고민을 하고 있어야 할 것 같지만 버그만 잡고 있다거나 타 팀원을 설득하러 다니고 있다거나 스크립트를 작성하는 단순 반복적인 일만 하고 있게 될 수도 있다.

물론, 모든 게임 회사가 그런 것은 아니고, 모든 프로젝트가 그러한 것은 아니지만 한곳에 오래 있다 보면 문제점들이 보이게 되고 개선할 수 있을 것 같지만 나의 힘으로 개선하는 데에는 한계가 있으니 그 한계에 대해서 답답함을 느끼게 되면서 이제 팀을 옮기거나 회사를 옮기는 일에 대해 고민하게 된다.

팀을 옮기거나 회사를 옮기는 것은 좋은 선택이 될 수도 있다. 새로운 개발 환경이나 새로운 프로젝트를 해본다는 것은 다양한 경험을 해본다는 의미에서는 좋은 것이기 때문이다.

하지만 이것 또한 명심해야 한다.
어디에 가든 단지 그 발생 지점이 다를 뿐이고 상황이 다를 뿐이지 일에 대한 한계나 답답한 일들은 항상 발생한다.

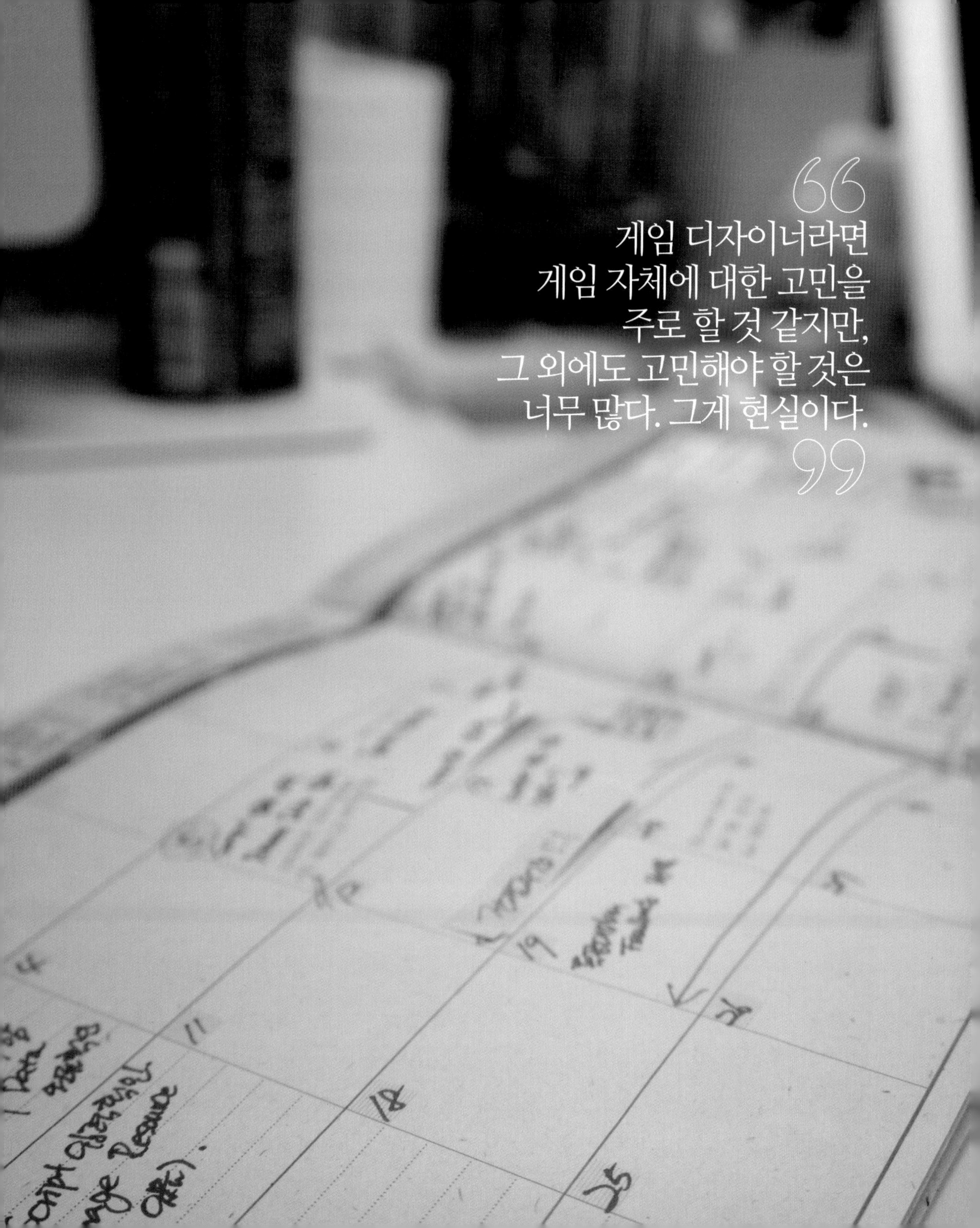

"게임 디자이너라면
게임 자체에 대한 고민을
주로 할 것 같지만,
그 외에도 고민해야 할 것은
너무 많다. 그게 현실이다."

project ≠ Designer
project success ≠ Designer's success
project FAIL ≠ Designer's FAIL

성공한 프로젝트,
실패한 디자이너

"선배. 예전에 선배가 있던 팀에 모모 씨라고 있었죠?"

"응. 그랬지."

"그 사람 어때요? 그때 있던 팀이 잘 나가던 개발팀이었으니까 그 사람도 일 잘하겠죠?"

"음…. 꼭 그런 것만은 아냐."

"아니, 왜요?"

"프로젝트가 성공했다고,
그 안에 있던 팀원들이 모두 일을 잘한 건 아니거든."

성공한 프로젝트

경력자들에게 가장 좋은 이력이란 뭐니 뭐니 해도 '성공한 프로젝트'에 있었다는 것이다.

성공한 프로젝트에 있었다면, 그것은 상용화(제품화)에 성공한 프로젝트에 있었다는 것으로 분명히 훌륭한 경험이고 좋은 이력이 된다. 상용화된 게임과 상용화되지 못한 게임은 큰 차이가 있어서 당연히 상용화된 게임을 개발하는 환경에 있었다면 많은 것을 보고 배울 수 있었을 것이고, 많은 것을 알고 있을 것이다.

취직했다고 다가 아니다. 게임이 나와야 하며, 상용화된 게임 프로젝트에 있었느냐와 그렇지 못한 게임에 있었느냐의 사이의 간극은 커서 배우는 것도 크고, 인정해 주는 것도 크며, 매우 중요하다!

실패한 프로젝트에서도 배울 수 있는 것은 많지만 애석하게도 이런 것이 입사할 때에는 도움이 되지 않는다. 프로젝트가 실패한 것은 실무자 한 사람의 책임이 아니건만, 실제로 상용화에 성공한 게임에 있었느냐의 여부를 보는 것은 그 환경을 경험했느냐 하지 못했느냐의 차이가 크기 때문이다.

하지만, 실패한 프로젝트에 있었던 것도 도움이 되지 않는 것은 아니다.

실제로 프로젝트가 성공하느냐 실패하느냐 하는 것은 전적으로 대장의 몫이다. 그 대장은 PD일 수도 있고, 게임 디자인 팀장일 수도 있고, 사장님일 수도 있으며 사업 부장일 수도 있다. 이렇게 발생한 전체 프로젝트의 명운은 대장의 자리에 있는 사람들의 몫이다.

게임이 뛰어난 성공을 거뒀다면, 그것은 대장이 훌륭했기 때문이다.
게임이 처참하게 망했다면, 그것은 대장이 잘못했기 때문이다.
게임이 근근이 굴러간다면, 그것은 99.9% 실무자들 때문이다.

실패한 프로젝트

개발자, 혹은 실무자의 입장에서는, 프로젝트가 실패한 것에 대한 책임은 사실 크지 않다.
만약 그 실무자가 일을 잘못했다면, 그것을 방치한 대장의 잘못이고 책임이다. 일을 잘못 가르친 것도 대장의 잘못이고, 일을 못 시킨 것도 대장의 잘못으로, 다 대장의 잘못이다. 그들은 그런 책임이 있기 때문에 회사에서 돈을 더 받는 것이고 더 많은 권한을 갖고 있는 것이다.

실무자 한 명이 무능하다고 해서 프로젝트가 망하지는 않는다. 일개미처럼 일하지만 미련하게 일하는 사람이 도움이 되지 않을 수도 있다. 그러면 미련하게 일해도 되는 업무를 주거나 개선해야 하는 방향을 알려주거나 이도 저도 아니면 잘라버려도 된다. 그 권한마저도 대장에게 있으므로 실무자 한 명의 영향력은 한계가 있지만, 대장의 영향력은 전체에 미친다.

프로젝트가 성공을 거두지 못하는 일은 흔하지만 망하는 일은 흔하지 않다. 망하는 것도 보통 능력이 없으면 쉽게 할 수 없는 일이지만, 무능한 대장 한 명은 유능한 실무자 100명이 있어도 프로젝트를 망하게 할 수 있다.

애석한 건!
게임 프로젝트가 망하면! 현실적으로 대장은 다른 회사나 다른 프로젝트로 이동하면 되지만, 실무자들은 부당하고 억울하게도 경력을 인정받지 못한다.
만약 당신이 영민한 실무자라면 프로젝트가 망해도 살길을 마련해둬야 할 것이다.

프로젝트에 대한 결과 분석

망한 프로젝트에 있다가 새로운 자리를 구하기 위해 면접을 보면 이런 질문을 참 많이 받는다.

"왜 그 프로젝트가 망했다고 생각하세요?"

이런 질문에 참 대답하기 어렵다.
본심은,
"팀장이 무능했어요. 자기가 뭘 해야 하는지도 모르면서 일을 시키고, 자신이 시킨 일을 해서 가져가면 '왜 이 일을 했느냐?'고 되묻기가 일쑤였죠. 혹은 '퀘스트 난이도를 하락시켜라!'라는 일을 주면서 마감은 오늘 저녁이라고 하는 거예요. 전체적인 난이도를 보고 새로 밸런싱을 해

“

성공한 게임에 참여했다고,
모든 팀원이
능력 있다고는 할 수 없다.

”

야 하는 일인데 숫자만 조금 바꿔서 될 일이 아닌데 말이죠. 하루나 이틀 단위로 일을 던져주니 전체적으로 일정을 짤 수도 없고, 일정을 짤 수도 없으니 뭔가 아이디어를 내놓거나 할 수도 없었죠."
라고 말해주고 싶지만 이거 왠지 남 탓을 하며 투덜대고 변명만 하는 사람으로 비춰질 것만 같고.

그렇다고,
"일정을 계획적으로 짜지 못했으며 앞으로 일어날 일을 예측하지 못해서 일정이 계속 어긋났습니다. 그러다 보니 해야 할 것들을 하지 못하게 되었고, 미처 내부 검증을 마치지 못한 상태에서 게임이 공개되다 보니 시장에서 외면받게 되었습니다."
라고 대답할 수는 없지 않은가! 이게 뭐야. 핵심을 찌르지 못하고 빙빙 돌려서 수박 겉핥기만 하고 있는 꼴이 아닌가! 핵심을 찌르자니 남탓을 하게 되고, 그렇지 않자니 맹하고 말만 번지르르하게 하는 것 같고. 여기까지도 좋다만,

"그럼 일정을 잘 짰다면 성공했을까요?"

'아니, 그걸 내가 어떻게 아나요? 프로젝트가 망한 이유가 한두 가지일 리가 없고 총체적 난국이 닥쳐서 안 되는 것이지 무엇 하나 때문에 그 거대한 프로젝트가 깨질 리가 없잖습니까!'
라고 소리치고 싶지만, 차마 그럴 수는 없고.
남 탓을 하고 있으면 투덜이라는 인상밖에 줄 수 없으니 이런 경우, 개선점을 진취적이고 긍적적이며 열정적으로 이야기해서(한두 가지 개선한다고 실제로 일이 해결되는 것은 아니지만) 좋은 인상을 심어주는 것이 더 좋다.

프로젝트의 성공에 묻어가기

프로젝트가 성공했다고 실무자들이 다 능력 있는 것은 아니다. 그 프로젝트에 유능한 실무자가 있었겠지만, 모든 실무자가 다 능력 있었던 것은 아닐 것이다.

특히 성공한 프로젝트(현재 돈을 잘 벌고 있으며 꾸준히 잘 벌어들일 것 같은 프로젝트)에 있다는 것은 오히려 게임 디자이너들에겐 독이 될 수도 있다.

현재 돈을 잘 벌고 있는 성공한 프로젝트라는 것은, 일단 새로운 시도를 하기가 대단히 어렵다는 것이다. 이미 모든 기준이 다 잡혀 있고 게임 내의 환경도 안정적으로 굴러가기 때문에 무언가 새로운 콘텐츠들이 계속 공급되긴 하겠지만, 안정적인 상황을 뒤집을 정도가 되면 안 된다. 이건 적당히 양념이 되어야 하지 갑자기 메인 요리를 바꿀 수는 없다.

회사의 입장도 그렇고 프로젝트를 운영하는 입장에서도 안정적인 상황으로 끌고 가려고 한다. '안정적이니까 오히려 새로운 시도를 해도 안전하지 않겠느냐.'고 주장하는 혈기왕성한 게임 디자이너의 말은 위험한 발언이 되어버린다.
그래서 성공하고 안정적인 프로젝트에 있었다는 것은 익숙한 것만 처리하여 스킬의 숙련도를 높이는 것보다 새로운 것을 끊임없이 연구하고 생각해야 하는 게임 디자이너들에게는 오히려 독이 될 수도 있다. 그냥 관성에 젖어 주어진 일들만 아무 생각 없이 하게 될 수도 있는 것이다.

성공이라는 독

성공이라는 것은 치명적인 독이 될 수 있다.

우연히 처음에 참여했던 프로젝트가 대성공을 거두어서 베스트셀러가 됐다. 처음에 참여한 게임이었으므로 어떻게 만들지 구체적인 계획과 예측으로 만들어진 것이 아니라, 그 당시의 대장이 훌륭했거나, 여러 가지 상황이 잘 맞아서 성공했을 수도 있을 것이다.

Online RPG, 특히 MMORPG 게임의 경우는 개발 기간도 길고 서비스 기간도 길다.

3~4년에 걸쳐서 개발을 하고 2년여 동안 상용화(Live) 서비스를 위한 개발을 하고 나면 만족하면서 다른 프로젝트로 옮겨간다.

실제로는 7~8년 동안 개발하지만 시작할 때는 보통 3~4년을 잡는다.

그러나 온라인 게임의 생명은 유동적이라서 회사 입장에서는 게임을 오픈하고 나면 10년 정도는 너끈하게 돈을 벌어줄 것이라고 기대하지만, 현실은 그렇지 않다.(물론, 회사도 그걸 안다.)

동시 접속자 수가 20만 명이 나오는 게임이라고 할지라도 1년, 혹은 2년이 지나면 접속자 수가 줄어들기 시작하며, 신규 유저가 들어오는 수도 급격하게 감소하고 일부 사냥터는 텅텅 비게 된다.

하지만 게임이 성공 가도를 달리고 있을 때 프로젝트를 나간 게임 디자이너는 그걸 알 리가 없다. 표면적으로 보이는 사실은 알 수 있을지라도 내부적인 원인 등은 알기 어려워서 초기에는 환상적이라는(AWESOME!!!) 평을 들었던 부분이 실제로는 치명적인 약점을 가지고 있었을 수도 있다.

처음에는 새로운 것이라고 사용자들에게 홍보하였지만, 실제로는 이것이 얄팍한 상술이어서 사용자들에게 실망감을 준다면, 오히려 이것이 독이 되어 사용자들을 떠나게 만들 수도 있다. 혹은, 처음 오픈할 때에는 괜찮아 보이는 콘텐츠였다가, 시간이 흐른 후에는 게임 사용자들의 외면을 받을 수도 있다. 하지만 그 결과를 보지 못하고 떠난 개발자는 성공했다고 생각할 수도 있다.

온라인 게임이라는 것은 나름대로 생명이 있고 진화하는 게임이다. 게임만이 중요한 게 아니라 게임을 즐기는 게이머들의 성향과 움직임에 따라 게임의 성격이나 흐름이 변화되기도 하는 것이다.

하지만 처음 상승 기류를 타고 있을 때, 게임을 떠난 사람은 이것을 알 수 없다. 그리고 그가 성공 포인트라고 생각했던 것이 오히려 실패의 요인일 수도 있지만 역시 알 수 없다.
그리고 다음에 만드는 프로젝트는 처음에 만들었던 것과 크게 다르지 않은 비슷한 게임을 만들기 때문에 개발 기간도 비슷하게 걸릴 것이다. 3년에서 5년쯤?

예전에는 호평을 받았던 것도 이 정도 시간이 지나면 이미 고리타분한 것으로 되어 있고, 예전에는 전투만 있고, 성능 좋은 아이템만 있으면 그것을 위해 PK(Player-Kill의 줄임말. 통신 게임상에서 이용자끼리의 공격이 가능할 경우, 서로 싸워 죽이는 행위를 뜻함.)를 해가면서 게임을 하던 유저들도 더 이상 남아 있지 않다. 매년 나오는 게임들은 계속 발전하고, 고객들의 눈높이도 높아져서 게임 디자인이 발전하지 않고 화려한 그래픽으로만 무장한다고 게임을 즐기지는 않는다.
이제 돌아오는 건 처참한 실패다.

스스로 발전하기 위한 노력

게임 디자인은 같은 게임 내에서도 끊임없이 발전해야 한다. 안정적인 환경은 오히려 안정적인 디자인을 만들려고 할 수도 있다.
울티마 시리즈로 전 세계를 들썩이게 한 리처드 개리엇도 타뷸라 라사에서 좋은 소리를 듣지 못했고, 스타크래프트와 디아블로로 유명한 빌로퍼도 헬게이트 런던은 처참히 깨졌다.

프로젝트가 성공했다고, 그 프로젝트에 속해 있었던 디자이너들이 다 유능할 것 같고, 이력서에 '성공한 프로젝트' 이름 하나만 쓰면 그럴 듯 해보이지만 천만의 말씀, 프로젝트의 성공을 자신의 성공이라고 생각하지는 말아야 한다. 다음 프로젝트에서 자신의 성공으로 만드는 것은 자신의 몫이다.

> 프로젝트의 성공을
> 자신의 성공으로 만드는 것은
> 자신의 몫이다.

Dissatisfaction > Potential
== Job Change
BEPO
アイアイ キャプテン!!
DEAD OR ALIVE

이직의 시기

"선배. 요즘 진행하고 있는 게임이 맘에 안 들어요."
"여러 명이 모여서 만드는 게임이니 개개인의 마음에 안 들 수도 있지.
그런 거 가리다가는 게임 개발 못 해.
네가 정말 만들고 싶은 걸 하려면 네가 PD가 되어야지."

"그건 알지만, 그냥 내가 하고 싶은 대로 못 해서 그러는 게 아니고요."
"문제가 뭔데?"

"아직 5년 차밖에 안 되어서 뭔가 더 많이 배워야 할 것 같은데,
여기에선 더 배울 수 있는 것도 없고요.
보직이라도 바꾸고 싶은데, 다른 일을 시켜주지도 않아요."

"그럼 이제 움직일 때가 된 거야.
가끔은 환경을 바꿔보는 게 도움이 될 때가 있지."

회사를 옮긴다는 것

어느 정도 경력이 되고 현재의 프로젝트나 회사에 그다지 만족하지 않고 있다면 이직을 생각한다. 회사 규모가 적당히 크다면, 그래서 이동할 수 있는 다른 프로젝트들이 있다면 다른 팀에 자리가 있는지도 기웃거려보겠지만, 진행하고 있는 프로젝트가 하나뿐이거나, 다른 프로젝트들도 큰 매력을 느끼지 못한다면 회사를 옮기는 것을 고민하게 된다.

처음 입사한 회사가 무척이나 만족스럽다면, 그냥 눌러 있어도 된다.

하지만 새로운 게임을 만들고 싶다면 프로젝트나 회사를 옮겨야 한다. '새로운 게임'은 '새로운 프로젝트'이다. 동일한 프로젝트를 아무리 열심히 패치하고 업데이트한다고 해서 새로운 게임이 되지는 않기 때문이다.

동일한 일이라는 것은 같은 포지션을 말하는 게 아니다. 신입과 경력 3년 차가 같은 방법으로 일을 하고 있다면 개인의 문제이거나 팀의 문제일 수도 있다.

내가 신입으로 들어와서 했던 일을 3년이 지난 지금도 동일한 일을 하고 있다면, 가급적이면 옮기라고 이야기해주고 싶다. 이쪽에서 가장 쓸모없는 게 일할 줄 모르면서 경력만 긴 경력자이다. 지금 있는 팀에서 더 발전할 수 없다면 좋은 팀을 찾아봐야 한다. 취직해서 3~4년 차가 되어 신입 딱지를 떼게 되면 이직하기에 좋은 시기이다.

일단 경험이 있으니 어디 가서 자신 있게 말할 수 있고, 경력이 있으니 이력서에 뭐라도 그럴듯하게 쓸 수 있으며, 보고 들은 것이 있으니 옥석을 구별할 수 있는 눈도 어느 정도 생겼고, 인맥과 연줄도 꽤 생겼을 것이다.

“

새로운 기회를
찾아보고 싶다면
환경을 바꿔보는 것도
도움이 된다.

”

주위에 가끔 이런 사람들이 있다

자신이 하고 있는 프로젝트가 삐거덕거리고 잘 돌아가지 않아, 그 불만을 자신이 속한 팀 탓으로 이야기하는 경우가 있다. 이야기하는 것을 들어보면 문제가 있는 팀이 틀림없다. 실제로 팀은 문제가 없고, 투덜대는 개인의 문제일 수도 있지만, 그 친구의 말을 통해서 들을 때에는 분명히 문제가 있는 팀이다. 그 말은 그 친구에게서 보면 문제가 있는 팀이라는 것이다.

문제가 있어 보이니 미래의 가능성도 없어 보이고, 심지어 회사의 존폐까지 의심스러워 보인다.

"그렇게 문제가 있으면 차라리 회사를 옮겨. 요즘 사람 뽑는 데 많던데."
"그래야 될까 봐요."

이렇게 이야기하지만 그는 회사를 옮기지 않은 채, 다음에 만나면 여전히 기운 없고 불평불만이 가득하지만 여전히 그 회사를 다니고 있다.

의욕이 안 나고 불평불만만 쏟아진다면 환경을 바꿔보자. 불평불만 하는 것도 버릇되고, 불평불만을 쏟아내게 되는 회사에 다니는 것이 절대 의욕있는 일일 리가 없으므로 일을 하는 데에도 밀도도 낮아지고 그만큼 만족도도 낮아진다.

물론 이직을 하는 것은 어렵고 번거로운 일이다. 다닐만한 회사도 알아봐야 하고, 그 회사의 프로젝트도 알아봐야 하고, 그 프로젝트에 아는 사람이 있는지도 알아봐야 하며, 포트폴리오와 자기소개서도 새로 준비해야 하고… 심히 번거롭고 귀찮은 일이다.

만약, 지금 다니고 있는 회사가 규모 있는 회사이고 안정적인 환경을 제공해줄 수 있어서 불만을 상쇄시킬 수 있다면 모르겠지만, 불만이 습관이 되면 결국 본인에게도 좋지 않고 그런 회사에 오래 다니면 몸도 마음도 망가진다. 같은 환경에서도 불만을 해소할 수 있는 방법을 찾거나 다른 선택지가 절대 없는 것이 아니라면 환경을 바꾸는 것을 진지하게 고민해야 할 것이다.

타이틀을 노려보자

개발 경력이 7년 정도가 되면 타이틀을 갖기 위해 노력해볼 만하다.

프로젝트 경험도 꽤 되고, 새로운 것을 구상할만한 능력도 되고 어느 정도 자신의 의사를 똑똑하게 전달할 수만 있다면 남들이 보기에도 그럴듯해 보인다.

그러면 새로운 기획 안이나 디자인 안을 갖고 타이틀(팀장, PM, PD 등등)을 노려볼 수 있다.

타이틀을 노리려면 크게 2가지 방법이 있다.

지금 잘 나가는 프로젝트에 있다면, 그 자리에서 오래 뼈를 묻는 것이다. 리더들이 새로운 프로젝트를 위해 빠져나가면 차례차례 오르게 되니 그렇게 해서 올라가는 것이다. 한 곳에서 팀장을 했다면, 다른 곳에서도 팀장으로 가기가 좀 쉽다.

혹은 작은 회사로 옮겨서 팀장을 노려보는 것이다.
작은 회사들 중에서도 내실 있고 튼튼한 회사들은 나름대로 개발 방법에 대한 노하우가 있으니 그것을 미리 습득해서 가면 좋다. 아무래도 큰 회사보다는 작은 회사가 인력이 더 부족하고 경력자들은 더 부족하다(경력자들이 큰 회사로 많이 몰리는 것은 아마 경력이 쌓일수록 좀 더 안정적인 곳을 찾아가고자 하기 때문이 아닐까 싶다.). 그동안 쌓은 노하우들을 잘 정리해서 좋은 인상을 줄 수 있다면 좋은 기회가 올 것이다.

게임 디자이너들은 다양한 경험을 해보는 것이 좋다고 생각한다. 하나를 10년씩 개발해볼 수도 있겠지만, 자칫하다가는 안정적인 것을 지향하게 되어 매너리즘에 빠져서 생각하는 법을 잊어버리면 더 이상 디자이너가 아니다. 계속 머리를 갈고 닦고 새로운 환경에 부딪혀서 단련해 나가야 좋은 디자이너가 될 수 있을 것이다.

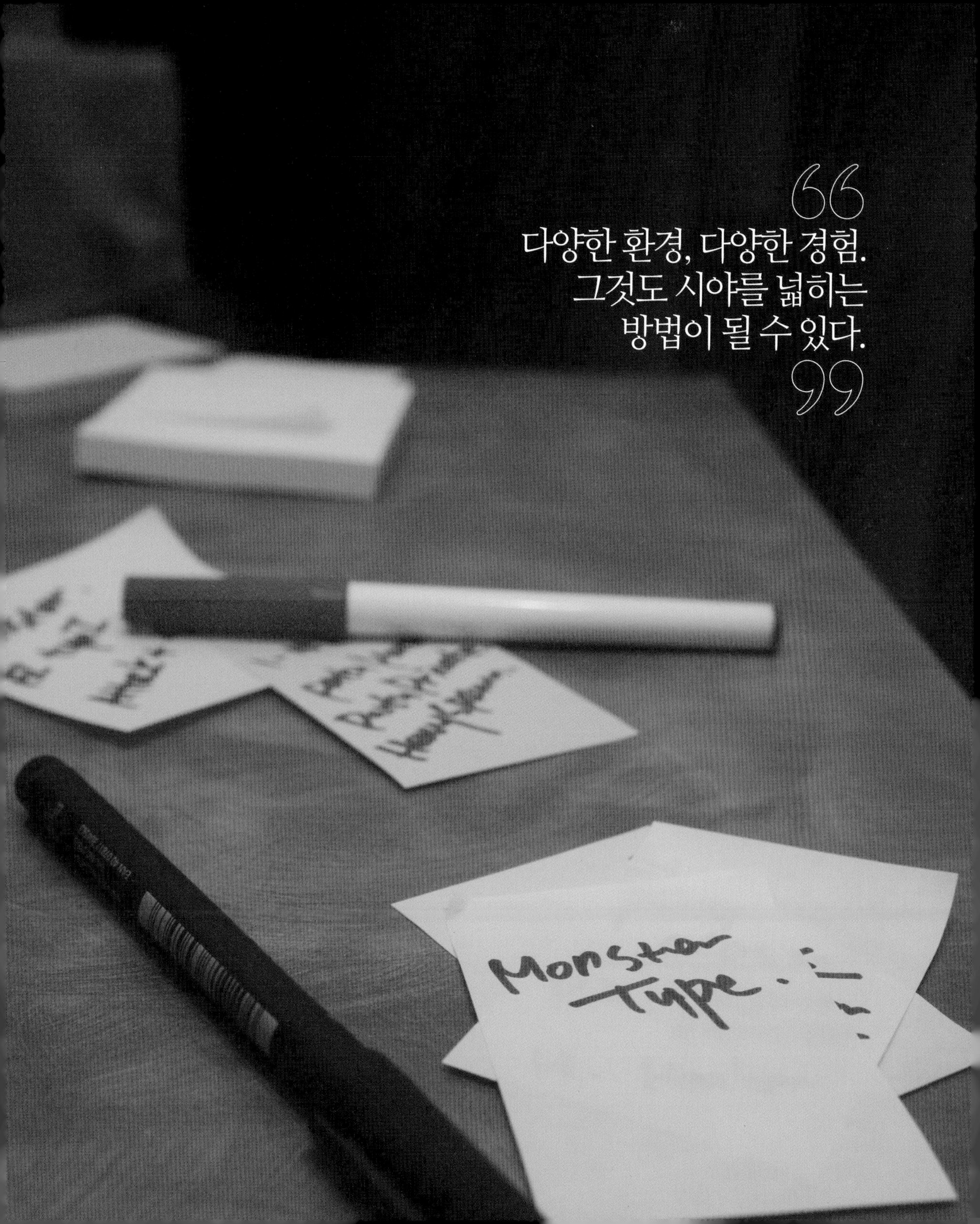

"다양한 환경, 다양한 경험.
그것도 시야를 넓히는
방법이 될 수 있다."

Portfolio
Looking back.

포트폴리오 만들기

"선배, 포트폴리오를 준비해야 하는데,
작업한 문서 들고 가도 돼요?"
"안 돼. 개발 문서는 회사의 자산이라 그런 거 함부로 들고 나가면 안 돼."
"자기가 쓴 문서도 못 들고 가요?"

"그래픽 디자이너도 회사에서 한 결과물을 들고 갈 순 없어."

게임 디자이너의 포트폴리오

굳이 회사나 프로젝트를 옮기려는 목적이 있는 것은 아니더라도 어느 정도 경력이 쌓였다면 포트폴리오를 만들어보는 것을 권한다. 그동안 내가 했던 것, 그리고 내가 생각했던 것, 그리고 앞으로 하고 싶은 것들을 정리하는 방법 중의 하나로 포트폴리오를 만들어 보는 것은 꽤 괜찮은 방법이다. 실용적이기도 하다.

포트폴리오는 말 그대로 작품집이다.

포트폴리오라는 것은 모두가 다 알고 있듯이, 그래픽 아티스트들이 사용하는 것이다. 그래픽 아티스트들은 항상 포트폴리오를 준비하고 있고, 거기에는 자신이 참여했던 프로젝트에 대한 소개나 자신의 그림 스타일 등에 대한 내용이 담겨 있어서 그래픽 분야에서는 항상 포트폴리오를 챙겨오라고 한다. 그래야 그 사람의 실력과 분위기를 알 수 있기 때문이다.

말로 여러 마디 하는 것보다, 그림 하나 보여주는 게 훨씬 효과적이고 전달도 잘 되는 법이다. 이미지라는 것은 단지 '그림을 그릴 줄 안다.'라는 것 외에도 어떠한 그림 분위기를 갖고 있는지도 봐야 하는 중요한 요소이기 때문이다. 상상력을 다듬어내는 것은 공장에서 물건을 찍어내는 것처럼 모두가 동일한 실력을 갖고 있다고 해도 같은 결과물을 만들 수 있는 것은 아니기 때문이다.

게임 디자이너도 마찬가지다.

“포트폴리오는
나를 다시 돌아볼 수 있는
방법 중 하나이다.”

'시스템 디자인을 했었고, 그것이 제 전문 분야입니다.'라는 한 마디로 자신의 능력과 경력에 대해서 설명할 수는 없을 것이다.
'PC 스킬 디자인'이라고 하면 업무 분야가 명확한 것처럼 보이지만, 사실 게임 쪽은 프로젝트마다 회사마다 같은 업무 명칭을 갖고 있어도 전혀 다른 일을 하기도 한다.
스킬 관련 데이터 입력만 했을 수도 있고, 스킬 관련하여 전반적인 밸런싱 작업을 했을 수도 있고, 스킬 관련 스크립트 구조를 모두 만들었을 수도 있고, 확장해서 전투 관련 시스템을 모두 구성했을 수도 있다. 그리고 만약 내가 단순 작업만 한 게 아니라면, 내가 어떤 일을 했는지를 자세하게 설명해서 나의 가치를 높이는 것이 나에게도 더 좋을 것이다.

그래서 포트폴리오를 준비하는 것이다.
내가 무엇을 했고, 무엇을 할 줄 아는지, 그래서 나의 가능성은 무엇인지를 설명하는 도구인 포트폴리오는 결국 나를 다시 돌아보게 만들어주기도 하므로 실제 이직을 하려는 것이 아니더라도 포트폴리오를 정리해보는 것은 도움이 된다.

포트폴리오, 혹은 경력기술서

내가 했던 업무 중 기획서나 제안서, 사양서들은 절대 포트폴리오에 이용하면 안 된다. 개발 문서는 물론이요, 내가 냈던 제안서들도(설사 폐기된 제안서라도) 모두 회사의 자산이니 절대 외부로 갖고 나와서는 안 된다.

이것은 회사 보안에 직결되는 문제이므로 섣불리 갖고 나왔다간 큰일을 당할 수도 있으니 절대 행동으로 옮기지 말 것.

경력이 그다지 길지 않다면, 내가 갖고 있는 스킬, 다룰 수 있는 툴 등을 집중적으로 부각시키는 것이 좋다. 메인 디자인보다는 서포터로서의 일을 맡게 될 어린 디자이너를 뽑고자 하는 팀에서는 주로 어떤 스킬을 갖고 있는지를 궁금해하는 경우가 많기 때문이다.

프로젝트에 참여한 경력이 있다면, 그 프로젝트에 참여했었다는 것보다는 그 프로젝트 안에서 어떤 업무를 맡았는지를 강조하는 것이 좋다. 그리고 행한 업무로 인해서 어떤 결과를 봤는지도 설명할 수 있다면 좋고 만약 파트장이나 팀장 같은 매니징 경험이 있다면 그것도 꼭 명시하는 것이 좋다. 게임 디자이너는 타 팀과의 협업이 필수인지라 기본적으로 모두 어느 정도는 매니지먼트를 할 수밖에 없기 때문이다. 물론, 그 경험도 구체적으로 어떻게, 무엇을 했는지를 적어주는 것이 좋다.

만약, 개발 문서를 써야겠다면, 무엇을 보여줘야 할지를 고민해야 한다. 일반적인 개발 문서라면 '왜 이 제안이 좋은지, 그래서 무엇을 하고자 하는 것인지'를 명확하게 표현할 것이다. 그게 핵심이기 때문에 포트폴리오용 문서도 마찬가지로 목적은 명확하게 표현되어야 한다. 단, 여기에서는 나의 아이디어를 통과시키기 위한 것이 아니라 나를 홍보하기 위한 기획 문서와 같은 것이므로 내가 무엇을 잘하는지를 보여주기 위한 문서를 써야 한다. 면접관은 나의 아이디어에 관심이 있는 게 아닐 테니 말이다.

지피지기면 백전백승일지니

회사에 지원을 한다는 것은 회사, 혹은 팀의 입장에서는 지원자를 선택하는 것이지만, 지원자의 입장에서도 마찬가지로 역시 회사, 혹은 팀을 선택하는 것이다. 이직을 하겠다고 결심하는 것은 현재보다 더 나은 환경을 위해서 터전을 옮기는 것이니 당연히 옮기는 곳이 현재보다 더 좋아야 하지 않겠는가.

만약 들어가고자 하는 곳에 아는 사람이 있다면, 혹은 누군가의 소개를 받았다면, 포트폴리오를 어떻게 준비하는 것이 좋은지 물어보는 것도 좋은 방법이다. 만약 뽑고자 하는 곳의 업무가 명확하다면 관련 업무 쪽 경험을 부각시키는 것이 도움 될 것이고, 사람을 뽑는 입장에서도 관련 업무 쪽에 대한 경험과 지식을 더 보고 싶어 할 것이다.

그리고, '포트폴리오를 어떻게 준비하는 게 좋을까요?'라고 물어봤을 때, 만약 명확한 답변이 돌아온다면 뽑는 쪽에서도 명확한 그림을 갖고, 어떤 사람을 뽑을지 명확한 기준이 있다는 말이 된다. 즉, 자신들이 어떤 것을 원하는지 아는 것이고 이것은 그 팀의 분위기를 대변해줄 것이니 지원자로서도 얻는 게 있을 것이다.

만약 '그냥 적당히 알아서 준비해봐.'라는 답변을 듣게 되었고, '그래서 대체 뭘 보고 싶은 거야? 뭘 준비해야 해?'라는 생각이 든다면 그 팀의 분위기나 일이 진행되는 방식도 그럴 가능성이 농후하다. 자신들이 뭘 하고 있는지, 현재 뭐가 필요한지 명확하게 알지 못하고 그냥 만성적으로 일을 하는 그다지 바람직하지 않은 분위기일 수도 있는 것이다.

개발용 문서와 마찬가지로 포트폴리오도 양이 많다고 좋은 것은 아니다. 나 자신에 대해 돌아보고 나의 장점을 부각시키고, 나의 단점을 어떻게 보완해줄 수 있는지를 잘 설명할 수 있어야 한다.

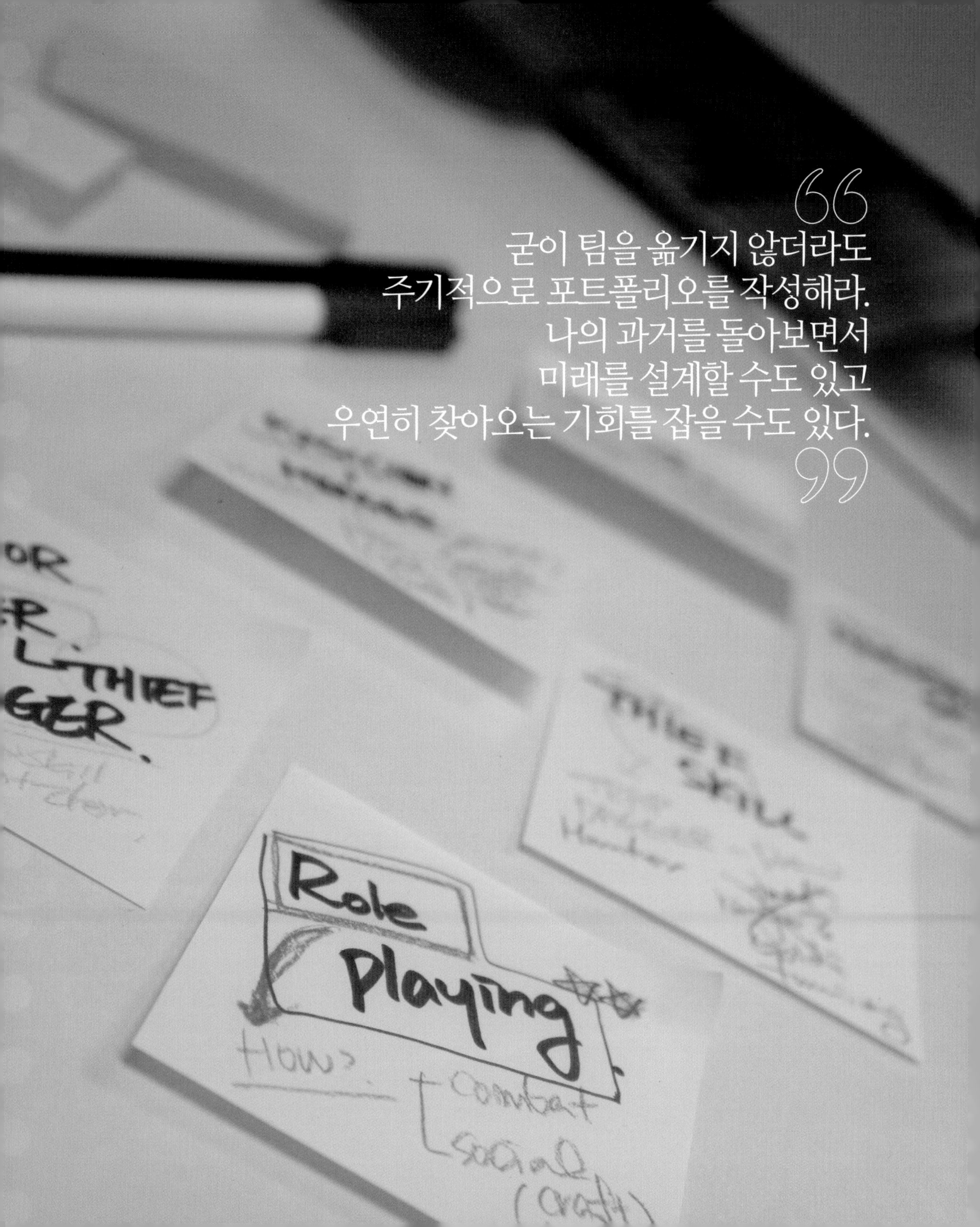

굳이 팀을 옮기지 않더라도
주기적으로 포트폴리오를 작성해라.
나의 과거를 돌아보면서
미래를 설계할 수도 있고
우연히 찾아오는 기회를 잡을 수도 있다.

잉여킹

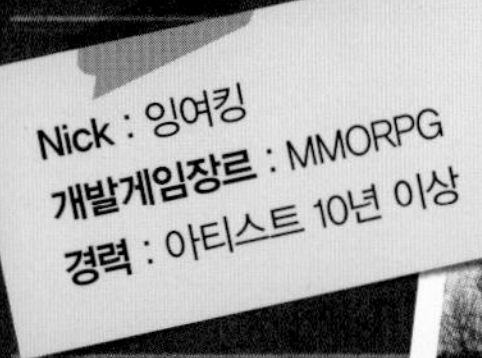

● 게임 디자이너는 뭘 하는 사람인가?

게임 디자이너는 말 그대로 **무엇을 어떻게 할지** 설계하는 사람입니다. 공연 기획 같은 것을 생각하면 비슷할까요. 게임 디자이너는 좋은 콘텐츠의 소스를 가지고 어떻게 조합해서 사람들에게 서비스할 것인가에 대해 고민하고 매니징하며, 일정 관리(일정 관리는 전문 담당하는 사람도 있긴 하지만 게임 디자이너가 일정에 대해 아무 개념이 없을 수는 없겠지요.)와 수익성 등을 **총괄해서 관리**하는 사람이라고 할 수 있겠습니다.

● 게임 디자이너에게 기대하는 것은 무엇인가?

게임 디자이너에게는 다방면의 상식과 논리력, 분석력과 훌륭한 커뮤니케이션 능력을 기대합니다. 하다못해 다른 게 부족하더라도, **논리력과 커뮤니케이션 능력**은 최소한 가지고 있기를 기대하지요.

● 요즘 게임 디자이너에게 불만인 점은 무엇인가?

최근 게임 개발이 나름 안정된 산업이 되어가고 있는 과정이어서 그런지, 예전에는 볼 수 없었던 '일반 직장인' 포스의 디자이너들이 나타나고 있습니다. 이런 사람들은 타 게임의 디자인을 그대로 베껴서 제작 요구를 한다던가(타 게임을 어느 정도 따라 하는 것이 꼭 나쁘다고 생각하진 않습니다만), 매우 수동적인 자세로 결과물을 가져다 바쳐야지만 그때서야 마지못해 일 처리 하더군요. 물론 자신의 의견 같은 것은 봉인한 지 오래입니다.

● 게임 디자인을 하려면, '최소한 이런 것은 갖추고 와라'라고 하고 싶은 것은?

게임 디자이너는 알아야 할 영역이 더 넓습니다. 깊이까지는 바라지 않으니, 혼자서건 소규모로건 게임 프로젝트 하나쯤은 해보고 들어왔으면 좋겠습니다. 각 파트별 게임 개발자들이 어떻게 일하는지 **기본도 알지 못한 채 아이디어만 가지고 회사에 들어오는 만행**은 저지르지 않았으면 좋겠습니다.

● 아주 만족스러웠던 디자이너가 있다면?

언제나 다이어리와 펜을 들고 다니면서 각 파트별 담당자들을 찾아다니면서 계속 체크하고 의견을 들으면서 일하던 디자이너가 있었습니다. 자리에 앉아서 이메일이나 메신저로만 체크하고 결과물이 나오면 그때서야 궁시렁대는 디자이너가 아니라, **능동적으로 찾아다니면서** 작업의 진척 사항과 장애 파악 등을 실시간으로 분석하면서 매니징하는 모습이 아름다웠습니다.

● 게임 디자이너가 말도 안 되는 요구를 한 적이 있는가?

한 게임 디자이너가 캐릭터 설정을 할 때였나 싶습니다. 캐릭터의 설정은 그렇다 쳐도, 그다지 중요하지도 않은 캐릭터의 머리색, 귀걸이 디자인, 장갑의 레이스 등까지 이렇게 해달라고 자세히 적어서 왔습니다. **뭔가 자신이 AD라도 된 듯 생각한 것인지,** 아니면 그것도 게임 디자인의 영역이라고 생각하는 것인지 잘 모르겠습니다. 당연히 불러서 게임 개발의 기본에 대해 알려주고, 설정 디자인을 하는 법을 가르쳐준 적이 있습니다.

● 디자인 의도를 명확히 설명하고자 하는 게임 디자이너에게 추천하는 방법이 있는가?

문서에 명시하는 것은 일종의 계약서 같은 것으로, 후에 분쟁이 일어났을 때의 증거물 외에는 큰 장점이 없다고 봅니다.

물론 그림이 많이 포함된 알아보기 쉬운 문서는 디자인 의도 전달에 도움을 주지만, 중요한 것은 **직접 담당자 얼굴을 보고 설명**하는 것이라 봅니다. 뮤지컬 공연을 할 때 연출자가 섬세하게 쓰인 대본만 던져주고 끝나나요? 본인이 같이 얼굴 맞대고 참여하지 않는 게임 디자이너는 그냥 회사원이랑 다를 바가 없다고 생각합니다.

임영경

● 게임 디자이너의 요구 중 무모한 요구가 있었는가?

최근에는 그런 일이 거의 없어졌습니다만, 예전에는 **프로그램적 문제를 그래픽으로 풀려고** 덤비는 게임 디자이너들이 있었습니다. 혹은 그 반대로 말이죠. 게임 개발에 대한 전체적인 감각이 없어서 밸런스를 유지하지 못하는 경우인데, **혼자 혹은 소규모로 간단한 프로젝트까지 완성**해보면 알 수 있는 지식입니다.

● 디자인 의도를 설명할 때, 효과적이라고 생각하는 방식은 무엇인가?

어떤 방식이라고 정의하는 것이 가능할지 모르겠네요. 저 같은 경우는 쓸데없이 회의실을 잡아서 한 시간 동안 디자인 의도를 설명하는 게임 디자이너보다, 프로그래머에게는 프로그래머에 관련된 부분을 중심으로, 그래픽에게는 그래픽에 관련된 부분을 중심으로 **맞춤형 설명**을 1:1로 하는 회의가 가장 효과가 좋았습니다.

● 디자인 의도에 공감 가지 않을 경우의 대처법은 무엇인가?

당연히 반론을 폅니다. **논리적으로 오류**가 있다면 설계를 다시 해와야겠고, 논리적으로 오류가 없다면 제가 논리에서 밀리겠지요. 혹은 취향에 관련된 부분의 논쟁이 있을 수도 있는데, 그런 부분은 의견만 전달하고, 게임 디자이너가 결정하게 합니다.

● 게임 디자인이라는 업무 영역(Role)에 대해 회의가 든 적이 있었는가?

소규모 집단이 될수록 게임 디자이너는 별 필요가 없는 것을 볼 수 있습니다. 최종적으로는 게임 디자이너는 프로그래머와 합쳐지지 않을까 합니다. 보시면 알겠지만, 지금도 게임 디자이너가 어느 정도의 스크립트는 다루고 있습니다. 최신 게임 엔진의 추세를 봤을 때, 코어 디자이너와 코어 프로그래머는 남겠지만 나머지는 프로그래머 겸 디자이너로 모두 변하게 되지 않을까 생각합니다.

키읔

● 게임 개발 과정에서 게임 디자이너에게 불만인 점이 있는가?

일방적인 커뮤니케이션을 하거나 **책임 전가**를 하는 게임 디자이너들이 있습니다. 게임이 나오고, 테스트를 하면서 피드백을 하면 '네. 그렇게 갑니다.'라고 이야기하고 진행을 하지만 결과가 좋지 않으면, '그때, 당신이 그렇게 하라고 했잖아요?'라고 말합니다. 이건 누가 게임 디자이너인지 모르는 상황입니다.

예전에 있었던 일인데, 게임이 오픈했지만 재미가 없어서 여러 번의 수정을 통해 게임이 좋아지고 있었습니다. 테스트를 하고 있을 때, 게임 디자이너분이 오셔서 던지듯이 물어봅니다.

"게임 지금 어때요?"

"네. 뭐, 괜찮아졌습니다."라고 대답했습니다.

그리고, 의사 결정 회의에서 "자, QA팀에서 게임이 좋다고 하니 오픈합니다."라고 이야기합니다. 괜찮다고 말은 했지만, 최종 판단은 게임 디자이너가 하는 것입니다. 게임이 오픈이 가능한지 아닌지에 대한 판단은 게임 디자이너가 스스로 판단해야 하는 겁니다. 그런데, 유저 반응이 좋지 않으면 "QA팀이 오픈하자고 해서 오픈했는데, 문제가 많잖아요!"라고 화를 내면서 책임을 전가합니다.

결정은 게임 디자이너가 하는 것이니 그 책임도 게임 디자이너가 지는 것입니다.

● 게임 디자이너에게 바라는 것은 무엇인가?

QA는 게임 디자이너의 뒤처리를 하기 위해서 존재하는 팀이 아닙니다. 자신이 만든 부분이 최소한 돌아가는지는 확인해보세요. 만들어놓고 확인도 해보지 않고 테스트 환경에 올려놓았는데, 서버가 뜨지 않아서 다른 부분들도 확인하지 못하는 경우가 발생합니다.

최소한 테스트가 가능한지 확인되기 전에는 자리를 뜨지 말아주세요. 문제가 발생했는데, 담당자는 퇴근하면 QA 쪽에서는 하루를 그냥 날려버려야 합니다. **적어도 테스트가 되는지는 확인하고 퇴근하길 바랍니다.**

사람은 실수를 할 수도 있고, 버그를 만들 수도 있습니다. 하지만 버그가 나왔을 때, 적어도 미안해하세요. 버그가 있는 게 당당하다고 말하는 사람이 있습니다. 예전에 어떤 개발자는 'QA 팀이 심심하지 않게 버그를 넣었습니다.'라고 이야기 한 사람도 있었습니다. 버그가 있는 것은 부끄럽고 미안해야 할 일입니다. 버그가 있는 것을 유저가 볼 때도 당당해할 건가요?

자신이 모른다고 포기하지 않아야 합니다.

문제가 발생했을 때, 자신이 모른다고 말만 하고 해결하지 않는 사람이 있는데, 자신이 모르면 문제를 찾아보거나, 문제를 해결할 만한 사람을 알아보고 담당자를 알려주는 것도 방법입니다. 그냥 모르쇠로 버티면 할 수 있는 일이 없습니다.

후배 양성에 힘쓰고 노하우는 적극적으로 공유하세요.

업무를 혼자서 끌어안고 있지 말고 효율적으로 분배하고 제작에 중요한 팁이나 편하게 할 수 있는 내용들이 있다면 적극적으로 공유해야 원활한 개발이 됩니다. 이 부분은 특히 리더가 되는 게임 디자이너가 해야 하는데 자기 라인으로 따라 오는 사람만 키우게 되면 암묵적으로 사람을 내보내는 것이며, 이는 무능한 리더입니다. 평가는 냉정하게 하고, 팀원은 모두 소중하게 생각하고, 애초에 좋은 게임을 만들기 위해 모인 팀이라는 취지를 지켜주세요. 능력 없는 리더 때문에 불쌍한 팀원들만 고생하고, 좋은 게임도 나오지 않습니다.

● 게임 디자이너가 일방적으로 요구한 적이 있는가?

다른 팀의 일을 알지 못하고 일방적으로 요구하기도 합니다. 다른 팀의 일을 알기 위해서는 전문적인 지식이 필요한 게 아닙니다. 게임 디자이너는 다른 팀과 이야기하고 **조율**하는 것이 너무너무너무 중요합니다. 일방적으로 말하는 것이 아니라 상대방을 존중하고 서로의 합의점을 찾았으면 합니다.

● **디자인 의도에 공감 가지 않을 경우엔 어떻게 하는가?**

디자인 의도에 대해서 문의합니다. 그리고 **예상 가능한 발생 문제점에 대해 대비책**이 있는지를 확인합니다.

모든 내용에 대해서 디자인의 의도와 방향성을 이야기해주기는 어렵습니다. 매번 이야기를 해준다면 좋겠지만, 현실적으로 힘들다는 것도 충분히 이해하고 있습니다. 하지만, 디자인 의도에 대해서 알고 있다면 불명확한 부분들이 발생할 때, 이것이 버그인지 아닌지를 알 수 있습니다. 디자인의 의도를 알지 못하면 단순 작업으로 버그가 리포팅됩니다.

● **게임 디자이너의 행동 중에 불만이었던 것이 있는가?**

제발, 자기가 만든 게임을 열심히 했으면 합니다.

게임을 만드는 게임 디자이너가 유저들의 반응이나 유저들이 어떻게 플레이를 하는지 궁금하지도 않은지, 자신이 만든 게임이면서도 게임을 플레이하지 않은 이들이 있습니다.

자신이 만든 게임이 얼마나 재미가 없었으면 스스로도 안 할까요?

● **게임 디자이너에게 하고 싶은 말은?**

게임 디자이너가 지금 무슨 게임을 하고 있느냐에 따라 앞으로 만들 게임의 미래가 결정된다고 생각합니다. 그리고 게임을 만들기 위해 게임을 하는 것이지, 즐기기 위해서만 게임을 하는 것이 아니라는 것을 반드시 명심했으면 합니다. 그리고, 플레이한 게임을 자신이 만드는 게임에 Ctrl+C, Ctrl+V 하지 말고, 그 요소를 어떻게 게임 안에 녹여서 더 멋진 모습으로 보여줄 수 있을지를 고민해주시기 바랍니다. 그리고, 획기적이고 새로운 것만 생각하지 마시고, 팀과 회사도 생각하는 게임 디자이너가 되어주세요.

stella

Nick : stella
개발게임장르 : MMORPG
경력 : 아티스트, 원화 10년

● **게임 디자이너는 뭘 하는 사람인가?**

개발실의 브레인으로서 모든 플랜의 뼈대를 만드는 사람이며, 콘텐츠로서 게임에 생명을 불어넣는 일을 하는 사람입니다.

● **게임 디자이너에게 기대하는 것은 무엇인가?**

자기 고집이 잔뜩 들어간 주관적인 기준이거나 사용자의 기준보다는 **프로페셔널한 자세**를 기대합니다.

● **게임을 개발하면서 게임 디자이너에게 불만이었던 사건이 있는가?**

모두가 한 번씩은 해보는 W게임도 플레이해본 적이 없어서 그래픽 디자이너랑 회의할 때 대화가 진행되지 않고, 그래픽 디자이너들이 오히려 아이디어를 만들어준 사건이 있었습니다. 게임 디자이너라면 대중적인 게임은 해봐야 하지 않을까요?

● **게임을 개발하면서 게임 디자이너에게 아주 만족했던 적이 있는가?**

넥슨 마비노기 오픈 직전, 넥슨 마비노기 개발실에 놀러 갔었는데, 마비노기의 설정을 소설로 써서 본인이 책을 만들어 이미 가지고 있는 게임 디자이너가 있었습니다. 그 책을 개발실에 놓고 팀원들이 한 번씩 읽어볼 수 있게 했던 듯합니다. 부지런하고 열심히 하는 디자이너였습니다. 그전에도 그 후에도 그렇게 개발하는 사람은 못 봤던 것 같습니다.

● **신입, 혹은 주니어 게임 디자이너에게 바라는 점은 무엇인가?**

게임이 재미있어서 게임 디자인을 하겠다고 생각하지 않았으면 좋겠습니다.
게임 디자이너는 최고의 엘리트여야 한다고 생각합니다. 너무 부담스러운 단어지만…
편견에 사로잡히지 않고, 무엇이 맞는지 판단할 수 있는 객관적인 근거를 습득하고 있어야 하며, 통찰력이 뛰어나야 된다고 생각합니다.

● 게임 디자이너가 말도 안 되는 요구를 한 적이 있는가?

자신의 경험에서 나온 시각적 이미지를 **통보**의 형태로 강요하는 요구를 받아본 적이 있습니다. 기분이 좋지 않았습니다.

● 아트 직군에 종사하는 사람으로서 게임 디자이너에게 원하는 것이 있는가?

원하는 방향의 디자인을 아트 직군의 사람에게 전달하여 의견을 서로 공유할 때, 아트에서 제시하는 방향성에 대한 판단을 할 수 있을만한 넓은 교양이 있어야 한다고 생각합니다.

● 게임 디자이너가 왜 이런 디자인을 진행하려고 하는지 잘 설명해야 한다고 생각하는가?

당연히 잘 설명해야 합니다.

설명을 해달라고 요청해서 설명을 해주긴 하지만, 분업화된 조직에서 **게임 디자이너 본인도 이걸 왜 해야 하는지** 정확하게 모를 때가 있습니다. 디자인 의도를 설명해야 무엇을 어떻게 그려야 하는지 더 명확해지니 **반드시 설명해야 한다**고 생각합니다만, 본인 스스로도 그것을 잘 모르면 설명할 수가 없겠죠. 하지만 설명하지 않으면 아트 입장에서는 게임을 만들고 있는지, 단지 아트 리소스만 생산하고 있는지 알 수가 없게 되고 결과물도 좋지 않게 됩니다.

● 디자인 의도를 명확히 설명하려면 어떻게 설명하는 게 좋은가?

명확히 설명하려면, **무엇을 의도**하였고 **어떤 상황**에서 아트 리소스가 쓰이게 되는지에 대한 설명은 기본이라고 생각합니다.

stella

● 게임 디자인이라는 업무 영역(Role)에 대해 회의가 든 적이 있었는가?

디자인팀 내부에서 일이 너무 분업화되어 **서로 어떤 일을 하고 있는지 모르고 있는 것**을 발견할 때, 자신이 쓴 문서가 **맞는지 틀렸는지 모르고 있는 것**을 발견했을 때, 그래픽 디자이너보다도 **게임에 대한 연구나 자기 계발이 충실하지 않다**는 것을 발견했을 때엔 게임 디자이너가 과연 필요한 것인가 하는 생각이 듭니다.

● 게임 디자이너에 대한 만족스러웠던 적이 있는가?

아트 리소스를 제작하는 데 필요한 **제반 상황 설명**을 잘 해주는 분이 좋습니다. 아트도 단지 리소스만 만드는 것이 아니라 같이 게임을 만들고 있습니다.

yuchi

Nick : yuchi
개발게임장르 : MMORPG
경력 : PD 겸 프로그래머 13년

● 게임 디자이너는 뭘 하는 사람인가?

게임을 재미있게 만들도록 **신경 쓰는 전담인력**이라고 생각됩니다.

● 게임 디자이너에게 기대하는 것은 무엇인가?

할 수 있는 것 중에서 뭘 해야 조금이라도 **게임이 더 나아질지 열심히 고민**하는 것이라고 봅니다.

● 게임을 개발하면서 게임 디자이너에게 불만이었던 점은 무엇인가?

기획서라고 부르는 문서를 작성하면 게임이 그대로 나오는 줄 아는 사람들이 있는데, 절대 그렇지 않음을 알았으면 합니다.

● 게임을 개발하면서 게임 디자이너에게 아주 만족했던 사건이 있는가?

테스트용 그래픽 리소스가 없으면 직접 모델링을 하고, 사운드가 없으면 사운드 작업하고, 개발 페이지가 필요하면 웹코딩 해서 만들어주었을 때, 즉 **게임 개발을 위해선 수단과 방법을 가리지 않고 무엇이든 한다**라는 느낌을 주면 게임 디자이너가 든든하다고 느껴집니다.

또, 같이 밤새우면서 버그 재현하느라 애쓸 때, 개발 중인 게임을 열심히 플레이하면서 '할 수 있는 것 중에서' **뭘 하면 더 좋아질지 의견**을 줄 때 게임 디자이너에게 신뢰를 느낍니다.

● 신입 게임 디자이너에게 바라는 점이 무엇인가?

문서 쓴다고 그대로 게임이 나오지 않음을 알았으면 좋겠습니다.

어떤 언어로라도 좋으니 **테트리스 한 번 만들어보고 와라**고 말해주고 싶습니다.

네이티브코드(C/C++/어셈블리)는 못 짜도 상관없으니 자기 손으로 DB와 웹스크립트 언어를 이용해서 간단한 웹사이트 정도는 만들 수 있어야 합니다.

● 디자인 의도를 설명할 때, 효과적이라고 생각하는 방식은 무엇인가?

통계자료를 가지고 설명을 하면 납득하기 싫어도 납득할 수밖에 없습니다.

문서에 아무리 명확하게 명시해도 쓰는 사람과 받아들이는 사람이 같은 내용으로 인지하지 않으며, 또한 게임 디자이너의 의도가 프로그래머의 코드로 나올 가능성은 문서 내용의 타당성과 비례하지 않습니다.

구현 방법의 경우도 게임 디자이너가 프로그래머보다 더 자세히 알고 있을 가능성은 거의 없으며, 게임 디자이너가 제시한 구현 방법이 아예 불가능할 경우도 많습니다.

문서 작성 이전에 프로그래머와 충분한 대화를 나누는 것이 좋습니다.

명확한 설명이란 게 무척 어렵지만 명확한 설명을 해도 명확한 구현은 나오지 않기 때문에 처음부터 명확하게 뭘 하려고 하지 말고 프로그래머와 대화를 하면서 함께 명확하게 만들어간다고 봐야 합니다.

yuchi

● 디자인 의도에 공감 가지 않을 경우, 좋은 방법은 무엇이라고 생각하는가?

공감이 안 간다고 얘기하며, 공감을 만드는 **설득은 게임 디자이너의 몫**이라고 봅니다.

● 게임 디자이너가 일하는 방법에 대해 의문이 든 경험이 있는가?

손으로 그린 그림 한 장 없는 **반 페이지도 안 되는 문서**를 문서라고 줬을 때, 혹은 프로그래머도 어떻게 구현해야 할지 모르겠는데 **엄청나게 상세한 문서**를 들고 왔을 때, 둘 다 좋지 않은 방법입니다.

내가 생각하는 방법은 이렇습니다.
첫 번째, 게임 디자이너가 아이디어를 던지든, 프로그래머가 맘대로 만들든 어떤 기능을 간단하게 **우선 구현**하고 그걸 게임 디자이너에게 보여줍니다.
두 번째, 게임이 돌아가는 걸 보고(혹은 직접 플레이하거나) 이건 이랬으면 좋겠고 저건 저랬으면 좋겠다는 **피드백**을 줍니다.
세 번째, 의견 수렴 후 **수정**하고 또 보여줍니다.

게임 디자인이란게 초반에 뭘 '이렇게 한다.'라고 **리드하는 건 아닙니다.** 일반적으로 게임 디자이너의 역할을 리드 역할로 보는 경향이 있는데, 그런 의미로서의 게임 디자인이라면 필요성에 대해서 꽤 의문을 갖습니다.

내가 생각하는 **게임 디자인의 역할은 리드가 아닌 서포트입니다.**

야식컵라면

Nick : 야식컵라면
개발게임장르 : 캐쥬얼웹게임
경력 : 프로그래머 9년

● 게임 디자이너는 뭘 하는 사람이라고 생각하는가?

게임의 전체적인 계획 및 설계를 하는 사람이라고 생각합니다. 큰 그림을 그리기도 하지만 세세한 그림까지도 모두 그려야 하는 **게임의 총괄적인 설계자**입니다.

프로그래머가 설계서를 보고 기계가 이해할 수 있는 언어로 실체를 만들어내는 기술자라면, 게임 디자이너는 그 기술자가 이해할 수 있는 언어와 방식으로 전체적인 그림을 그려낼 수 있는 설계자라고 생각합니다.

● 게임 디자이너에게 기대하는 것은 무엇인가?

게임을 개발할 때 최대한 열린 마음으로 다른 사람들의 의견을 대해야 하지만, **나름의 줏대와 확고한 의지**가 필요합니다. 초기 디자인 시에 발굴되는 여러 사람의 아이디어들을 잘 조합하고, 버려지게 되는 의견도 잘 보관하고 있다가 나중에 다시금 쓸 수 있도록 관리를 잘해야 하며, 또한 **자기만의 색깔이나 철학**이라는 게 있어서 문서만 봐도 어떤 사람이 직접 디자인을 한 것인지 알 수 있으면 좋겠습니다.

또한 게임 디자이너는 그림을 잘 그려야 합니다. 말 그대로 Painting입니다. 어떠한 것을 설계하거나 디자인할 때, 문자로만 설명되어 있는 문서는 이해하는 데 많은 시간이 소요됩니다. **잘 그려진 그림 한 장이면 열 문장이 필요가 없습니다.**

● 게임 디자이너에게 제일 불만이었던 점은 무엇인가?

수동적인 디자인을 할 때 가장 불만이었습니다. 물론 조직의 특성상 상사의 눈치를 보아야 한다거나 자신의 의견을 내놓지 못할 수 있습니다. 하지만 그렇게 디자인을 하다 보면 자신이 게임 디자이너가 아니라 문서 작성자에 불과하다는 것을 곧 느끼게 될 것입니다.

또한 문서를 양으로만 승부하려는 게임 디자이너와는 함께 일하기 힘이 듭니다. 문서는 아이디어를 정리하고 정보를 공유하기 위한 수단이지 보고를 위한 수단은 아닙니다. 정말로 잘된 문서 중에서 간단한 한 장의 문서로도 생각을 전달하는 데 부족하지 않다는 것을 경험해보았을 때의 느낌을 잊을 수가 없습니다.

● 게임 디자이너에게 아주 만족했었던 적은 무엇인가?

함께 브레인스토밍한 결과를 회의록 작성하듯 남겨만 놓은 것이 아닌, 모든 사람들의 **아이디어를 채용하거나 버려지게 된 근거, 배경지식, 사례들을 추가적으로 수집하여 일목요연하게 정리한 문서**를 보았을 때, 정말로 게임 디자이너란 프로그래머와 다르게 일을 하는 사람이구나 라는 느낌을 받았습니다.

● 신입 게임 디자이너에게 '제발 이런 것은 좀 알고 와라.'라는 것이 있는가?

컴퓨터 기본 지식과 워드프로세서, 파워포인트 같은 OA는 전문가 수준으로 할 줄 알았으면 좋겠습니다. 간단한 프로그래밍 언어나 스크립트들을 만들 수 있는 정도면 더욱 좋습니다. 게임 아이디어를 위해서 게임을 한다거나 즐기는 시간은 투자를 많이 하지만, 자신의 생각과 작성해야 할 문서를 스스로 깔끔하게 정리하기 위해서 그러한 기술들을 배우는 데 노력을 하지 않는다면, 무기 없이 전쟁터에 온 병사와 같다고 봅니다. '나는 게임 디자이너니까 프로그래밍은 몰라', '내가 왜 이런 것을 해야 해?'라는 말을 하는 사람은 아니었으면 좋겠습니다.

물론 처음부터 할 줄 아는 사람은 없을 테니 물어보고 도움을 요청하는 것은 좋지만, 배우지 않으려고 하거나 매번 같은 것을 주변 사람에게 도움을 받아서 일을 하는 사람은 기본적으로 IT업계에서 일하지 않겠다는 것이 아닐까 싶습니다.

● 게임 디자이너가 말도 안 되는 요구를 한 적이 있었는가?

불가능한 일정에 관련된 요구, 또는 **조사하거나 준비해야 할 시간적 여유를 주지 않은 적**이 있습니다.

대부분 말도 안 되는 요구는 사업적인 이유나 금전적인 어려움 때문에 발생되는 무리한 일정 요구입니다. 제시한 안건을 채택하려면 개발 기간이 늘어나야 되거나 디자인 안이 축소되어야 하는데, 축소 없이 무리한 기간을 요청하는 경우가 종종 있습니다. 프로그래머의 입장에서는 문서가 나오고 그래픽 리소스가 나온 뒤 가장 마지막에 일정에 책임이 있는 업무 역할이라서 일정에 관련된 압박이 있을 때, 최대한 일정을 수용하려고 노력하기도 하고 철야나 열심히 일을 하여 시간 내에 완수를 하기 위해서 최선을 다해봅니다.

하지만 **시작하기 전부터 불가능한 일정**을 들이대었을 때 협상의 가능성이 전혀 없는 분위기로 의사 결정이 되고 **강제적으로 진행**이 되면 일단 진행한 뒤에 나중에 발생되는 참사(?)를 함께 맞아보자는 식으로 어쩔 수 없이 진행했었던 것 같습니다. 몇몇 건에 대해서는 좋지 않은 결말이 났고, 그 이후에는 기획/사업에 대한 불신이 생기게 되어 좋지 않은 협업의 분위기로 변질되는 것이 안타까웠던 적이 있습니다.

● 게임 디자이너의 일방적인 요구가 있었는가?

현재 성공하여 **잘나가는 게임들과 같은 게임을 만들자**고 한 적이 있습니다. 겉으로 보았을 때 개발하는 데 쉬워 보이기는 하나 원천기술이 없이는 기술적으로 완성도 있는 게임을 만들 수 없는 상황이었습니다.

기술적으로 쉽지 않은 도전에 대해서 엔진을 사거나 조사해서 공부하면 할 수 있지 않느냐, 개발자가 무능해서 그런 것은 아니냐는 식으로 프로그래머를 대하거나, **프로그래머가 제시한 일정에 대해서 신뢰하지 않고** 같은 요구 사항을 해당 프로젝트에 관련이 없는 다른 프로그래머나 개발자에게 얼마나 걸릴만한 일이냐고 물어본 뒤에 서로가 제시했던 일정을 비교하는 식으로 프로그래머를 대하는 경우가 있었는데 함께 일하기 쉽지 않았습니다.

● 게임 디자이너가 진행하고자 하는 의도를 왜 설명해야 하는가?

게임 디자이너가 디자인 의도에 대해서 설명을 하고 프로그래머나 다른 함께 하는 동료들에게 설명을 잘하였을 때는 프로그래머나 아트 개발자들도 **의도에 맞게끔 또는 중간에 디자인이 변경이 되었을 때 쉽게 수용이 가능하도록 큰 그림을 그리며 개발할 수 있습니다.** 의도 전달이 불명확한 경우에 중도 디자인 변경이나 수정이 필요할 때는 처음부터 새롭게 개발을 한다거나 그동안 개발한 내용을 버려야 하는 일들이 비일비재하였습니다.

● 게임 디자인에 대해 설명을 잘 들었다고 느꼈던 방법은 무엇인가?

먼저 **전체적인 흐름**에 대해서 이해할 수 있도록 이야기로 전달한 뒤 필요할 경우 그림과 도표들을 이용하고 수치적인 데이터가 필요할 경우 관련 데이터도 함께 받았습니다. 무엇보다도 중요한 것은 그림 또는 순서도가 있을 때 가장 이해하기 편했던 것 같습니다.

● **게임 디자이너가 디자인 의도를 명확히 설명하려면 어떻게 설명해야 하는가?**

어떠한 부분에서 추가적인 변경 사항이 있을 수 있거나 이후에 자주 수정될만한 여지가 있는지 알 수 있도록 언급을 자주 한다거나 **미리 예측**을 잘할 수 있어야 할 것 같습니다. 최대한 자세한 디자인 문서나 그림, 순서도 등이 마련되어야 기술적인 부분의 한계나 개발 도중에 발견될만한 문제점들을 미리 알고 대처할 수 있었던 것 같습니다.

● **디자인 의도에 공감 가지 않을 경우에 대처 방법은 무엇인가?**

설득을 해달라고 한다거나 객관적인 근거 자료 등을 요구합니다.

● **게임 디자이너에 대한 만족스러웠던 경험이 있는가?**

디자인 문서를 보았을 때 추가적인 의문 사항이 없을 정도로 **잘 정리되고 깔끔한 문서**를 보았을 때 만족스러웠습니다. 또한 개발 이후 운영을 하거나 유지하는 프로젝트를 진행 시 의사 결정이 필요하거나 빠른 대처가 필요한 상황에서 **문제 해결을 위해서 앞장서서 처리하는 게임 디자이너**들을 볼 때, 게임 디자이너 역할 외에도 리더십이나 프로젝트 매니저로서의 기질이 있으면 더욱 훌륭한 개발자가 될 수 있지 않을까 생각합니다.

현재 우리나라 게임 개발 현실상 게임 디자이너가 **게임 디자인만을 하는 역할이 아닌 PM, PL 등 많은 역할을 요구**하고 있습니다. 그러한 모든 것들을 잘할 수 있는 올라운드플레이어가 현실적으로 존재할지는 의문이지만 그렇게 하기 위해서 노력하는 모습을 동료들에게 보여주는 디자이너와 함께하는 프로젝트라면 성공을 향해 한 발짝 더 쉽게 나아갈 수 있을 것이라고 생각합니다.

김도영

Nick : 김도영
개발게임장르 : MMORPG
경력 : 서버 2년, 클라이언트 2년

● 게임 디자이너는 무엇을 하는 사람이라고 생각하는가?

게임 디자이너는 게임이 어떻게 만들어져야 하는지 설계한 후, 논리적이고 체계적인 언어로 구체화하는 사람입니다. 게임 시스템의 전반적인 흐름을 이해하고, 이것이 어떻게 유기적으로 연결되는지 이해하는 통찰력이 필요합니다. **구현이 어렵거나 게임적 허용이 필요할 때, 게임의 재미를 해치지 않으면서도 잘 풀어낼 수 있는 유연함**도 있어야 한다고 생각합니다.

● 게임 디자이너들에게 '최소한 이런 건 갖추고 와라.'라고 하고 싶은 것은?

다른 사람들이 명료하게 이해할 수 있도록 자신의 생각을 **구체적으로 설명**하는 법을 배우면 좋겠습니다. 게임에 대한 폭넓은 경험을 쌓아서 머릿속에 있는 아이디어와 영감, 게임의 특성들을 다른 사람들에게 예를 들면서 설명할 수 있으면 좋겠습니다.

● 디자인 의도를 설명하는 것이 중요하다고 생각하는가?

매우 중요합니다. 디자인 의도가 제대로 전달되지 않으면 최악의 경우 프로그래머가 생각하는 특징과 디자이너가 생각하는 특징이 달라지게 됩니다. 만약 디자인 의도가 구현한 것과 다르다는 사실이 개발 도중에 발견될 경우, 이는 재구현으로 인한 작업 기간의 손실과 작업 품질의 저하로 이어집니다.

또한 디자인 의도를 이해해야 시스템을 확장성 있게 만들지, 아니면 안전하게 만들지, 쉽게 만들지와 같은 세부 내용을 구체화하는 데 도움이 됩니다. 때문에 디자인 의도는 구현 이전에는 물론이고, 지속해서 확인해가는 것이 필요합니다.

● 디자인 의도를 설명할 때 권하고 싶은 효과적인 방법이 있다면?

플레이 시나리오를 가정해서 설명하면 세부 사항을 잘 모르더라도 직관적으로 이해할 수 있을 때가 많습니다. 또한 유사한 게임의 요소를 도입할 때는 그 게임에 대해 설명해주면 좋습니다.

● 게임 디자이너가 설명하는 디자인 의도에 공감이 되지 않을 때 어떻게 대처하는가?

다른 디자이너들에게도 디자인 의도에 관해 의견을 구해봅니다. 때로는 다른 관점의 장점을 새롭게 발견할 때도 있고, 자신이 알지 못하던 부분을 이해하게 될 때도 있습니다. 만약 정말로 그 디자인 의도에 수정이 필요하다면 중간자의 중재로 수정될 때도 있습니다.

● 게임 개발 과정에서 게임 디자이너의 업무 영역이 필요하다고 생각하는가?

반드시 필요합니다.

● 신입과 주니어 게임 디자이너에게 바라는 점이 있다면?

업무를 익혀가면서 각 분야의 실무자들이 어떤 **디테일을** 요구하는지 잘 **체크하고** 이를 보강해가면 좋습니다. 또한 작업물에 대한 피드백은 잦을수록, 그리고 즉각적일수록 좋습니다.

● **해당 직군의 사람으로서 게임 디자이너들에게 원하는 점이 있다면?**

디자이너가 어떠한 구현을 의뢰할 때는 **구현에 대한 디자인 의도가 명확하게 드러났으**면 좋겠습니다. 프로그래머가 디자인 의도를 **이해하게 되면** 언어로 표현하지 않은 사항까지도 보완해가며 접근할 수 있습니다.

또한 너무 지엽적이고 예외가 많은 규칙이 아닌 직관적이고, 자기설명적일수록 좋습니다. 너무 자잘한 규칙이 많을 때는 코드에서도 버그가 나기 쉬워지고, 설사 올바르게 구현해도 유저들이 그렇게 받아들이지 않을 때가 있습니다.

최호영

Nick : 최호영
개발게임장르 : MMORPG, MORPG
경력 : 서버 프로그래머 12년

타 파트가 게임 디자이너에게 하고 싶은 말

● 게임 디자이너는 무엇을 하는 사람이라고 생각하는가?

게임 디자이너의 업무 방식은 건축 인테리어 디자이너의 그것과 유사한 점이 많다고 생각합니다. 건축 설계자(디렉터)가 요구 사항에 맞춰 설계의 의도와 방향을 정하면, 인테리어 디자이너는 그에 맞춰 실제 사용자들과 맞닿을 내부를 디자인합니다.

● 게임 디자이너에게 기대하는 것이 있다면?

게임은 있을 법한 세계를 모사하여 가상의 경험을 이끌어내죠. 그렇지만 진짜 세계처럼 모든 요소를 빈틈없이 만드는 것이 아니라, 즐거움을 위해 필요한 규칙과 콘텐츠를 선택적으로 만듭니다. 게임 디자이너는 어떤 규칙과 콘텐츠를 구현하여 디렉터의 의도에 맞는 세계를 충실하게 구현할지 결정하는 사람입니다.

따라서 게임 디자이너는 디렉터의 큰 의도를 잘 파악해서 작은 의도로 쪼갤 수 있는 이해력, 작은 의도를 다시 잘 엮어서 하나의 그림으로 만들어내는 구성력, 의도들과 생각한 큰 그림을 다른 직군에게 잘 전달하여 실제로 구현되도록 이끌어낼 수 있는 전달력을 갖춰야 합니다. 독창성과 창의력은 그다음이라고 생각합니다.

● 게임 디자인을 하려면 '최소한 이런 건 갖추고 와라.'라고 하고 싶은 것은?

게임 디자인을 쉽게 생각하지 않는 마음가짐이 필요합니다. **게임 디자인은 아무나 할 수 있을 것 같은 착각을 쉽게 일으키죠.** 프로그래머나 아티스트의 업무를 보면서 '나도 저 정도는 할 수 있겠다' 하고 생각하는 사람은 많지 않지만, 게임 디자인은 비교적 쉽게 생각하는 경우가 많습니다. 그러나 게임을 즐기는 것과 게임을 만드는 것은 완전히 다른 일입니다. 게임 디자이너가 목표라면 '내가 얼마나 많은 게임을 즐겼고, 얼마나 깊게 게임을 이해했는지'는 돌아보는 것은 좋은 게임 디자이너의 요건 중 일부일 뿐이라는 사실을 명심해야 합니다.

● 게임 디자이너가 말도 안 되는 요구를 한 적이 있다면?

디자인의 완성도가 떨어지는 경우에 대해서는 굳이 언급하지 않겠습니다.
구현이 불가능하거나 구현 비용이 매우 높은 요구를 하는 경우가 많습니다. 다만 이것은 주니어에 가까울수록 당연하고, 시니어라 하더라도 프로그래머의 구미에 딱딱 맞게 요구하는 것은 어렵습니다. 어떤 의미에선 오히려 위험할 수도 있죠. 구현의 용이성을 위해 재미를 놓치고 있을 수도 있으니까요.

게임 디자이너는 구현이 난해하거나 어려운 디자인을 제안하는 것을 겁먹지 말아야 합니다. 다만 구현의 난해함을 이유로 구현이 거절될 수 있음을 알아야 합니다. 언제든지 예상치 못하게 거절당할 수 있기 때문에 디자인을 전달할 때에는 의도도 같이 전달해야 합니다. 그러면 구현하는 이가 의도에 맞는 현실적인 수정안을 제시해줄 수 있을 테니까요.

- 게임 개발 과정에서 게임 디자이너에게 불만인 점이 있다면?

전달된 구현 요청 사항에 디자인 의도가 드러나지 않는 경우가 생각보다 많습니다. 의도에 공감하지 못하고 명세대로만 구현하게 되면 구현자가 행간을 잘못 이해하고 완전히 다르게 구현하는 경우가 생길 수 있습니다. 이때는 자신의 추측을 디자이너에게 확인하지 않은 구현자에게도 책임이 있겠지만, 의도를 제대로 전달하지 못한 디자이너에게도 책임이 있다고 생각합니다.

- 게임 디자이너가 설명해주는 디자인 의도에 공감되지 않을 때 대처법이 있다면?

디자인 의도가 옳은지에 대해서는 프로그래머가 의견을 제시할 수는 있으나 최종 판단을 내릴 수는 없습니다. 그래서 도저히 공감이 안 된다면 당장 거부하기보다는 사례나 반론을 통해 상대방을 설득하려고 노력합니다. **디자이너도 공감받지 못하는 의도를 너무 공격적으로 밀어붙이기보다는 대화를 시도하고, 필요한 경우 디렉터에게 조언을 구하면 좋을 것 같습니다.**

- 디자인 의도를 명확히 설명하고 싶어 하는 이들에게 추천하는 방법은?

방법 자체는 문서, 채팅, 대화, 그림, 프레젠테이션 등 아주 다양합니다. 본인과 전달받을 대상이 서로 잘 통하는 방법을 택하면 됩니다. 다만 주의해야 할 점은 디자인이 아무리 복잡하더라도, **핵심 의도는 한두 문장으로 요약할 수 있을 정도로 간결하게 정리되어야 한다는 것**입니다. 간결한 핵심 의도가 공감받은 이후에야 그 의도 위에 만들어진 다양하고 복잡한 디자인이 전달될 수 있습니다.

ErNham
어남

Nick : ErNham(어남)
개발게임장르 : RPG, SNG, 캐주얼, 비행슈팅(PC, 모바일, 웹)
경력 : 게임 디자인(시스템/밸런싱), PM, PD 총 15년

● 게임 디자이너는 무엇을 하는 사람이라고 생각하는가?

게임 디자이너는 상상한 콘셉트를 기반으로 프로그래머가 해당 이미지를 최대한 근접하게 구현할 수 있도록 설계 및 서포트를 진행하는 사람입니다.

● 게임 디자이너에게 기대하는 점은 무엇인가?

일정이나 상급자의 입김 등 외부 요인과 관계없이 본인이 디자인한 요소들이 의도대로 구현되었는지 **끝까지 체크하고 책임지려는 자세**가 필요하다고 생각합니다.
개발 진행 중 본인이 모르는 이슈가 발생하면 아는 척하거나 모르쇠로 일관하지 말고, 적극적으로 질문해서 이해하려고 노력하는 자세가 필요합니다. 각 파트가 고도화된 영역이니만큼 **모르는 것이 절대 부끄러운 일**이 아님을 이해했으면 좋겠습니다.

● 그동안 같이 일하면서 팀워크가 잘 맞았다고 생각했던 게임 디자이너가 있었는가?

문서 작성 업무를 할 때 **[초안 작성 - 리뷰 및 의견 수렴 - 보완]** 과정을 준수한 디자이너가 있었습니다. 5일 일정을 기준으로 3일간 초안을 작성했고, 4일째에 리뷰 및 의견 수렴, 그리고 5일째에 모든 파트와의 합의가 완료된 디자인 결과물이 나왔습니다. 생산성 측면에서 효율이 매우 좋았고 다른 구성원들의 만족도도 높았습니다.

● 최근에 게임 디자이너와 일하면서 불만스러웠던 점이 있었는가?

5년 차 콘텐츠 디자이너가 텍스트만으로 구성된 조악한 기획서를 전달했던 적이 있습니다. 본인이 디자인한 내용의 구현 상태를 확인조차 하지 않아서 디자인 의도와 전혀 다른 형태로 기능이 구현되었습니다. 나중에 원인을 파악해보니 해당 디자이너가 다른 파트의 업무 이해도가 낮아서 커뮤니케이션에 두려움을 갖고 있어 발생한 문제였습니다. 모르는 것을 부끄러워하는 것보다 **알려고 노력하는 자세**가 디자이너에게는 더 필요하다고 생각합니다.

● 다른 게임 디자이너가 이상한 요구를 한 적은 없었는가?

모바일 RTS를 개발할 때였습니다. 위에서 요구한 내용이 있었는데, 스타크래프트 같은 전략성과 다수의 유닛 컨트롤이 가능하면서도 전투할 때는 철권과 같은 대전게임 느낌이 났으면 좋겠다는 것이었습니다. 너무 어려운 요구라 나름의 절충안을 찾아 제시했음에도 받아들여지지 않고 위와 같은 주장을 반복했습니다. 무리한 일정 요구나 기술적인 문제보다, **감각에 의존한 지나치게 거친 피드백은 정말 좋지 않다**고 생각했습니다.

● 다른 게임 디자이너가 설명하는 디자인 의도에 공감되지 않을 때 대처법이 있다면?

우선 공감되지 않는 이유를 설명하고 충분히 토론을 한 후에도 결론이 나지 않으면 추가 미팅 일정을 잡곤 합니다. 다음 미팅 때까지 해당 내용에 대해 조사한 후 다시 절충안을 찾습니다.

● 디자인 의도를 설명하는 것이 중요하다고 생각하는가?

디자인된 내용을 타 파트에 전달할 때 가장 중요한 부분이 의도를 전달하는 것이라고 생각합니다. 디자이너의 머릿속에 저장된 이미지나 영상은 사진을 보듯 뚜렷해야 하지만 그런 경우가 거의 없습니다. 당연히 100%의 내용 전달이 불가능하며 해당 내용을 구체화해야 하는 다른 작업자들에게 전달되는 내용도 개인의 지식과 경험에 따라 다를 수밖에 없습니다. 디자인 의도란 위와 같은 상황에서 모든 작업자들이 판단 기준으로 삼을 수 있는 절대 가치로 작용할 수 있으며, **작업자들의 업무 효율성과 창의성을 보장할 수 있는 안전장치**라고 생각합니다.

● 디자인 의도를 설명할 때 권하고 싶은 효과적인 방법이 있는가?

디자인 의도를 효과적으로 전달하려면 **"왜?"라는 질문에 대한 객관적인 답변**을 준비해야 한다고 생각합니다. 정보를 받아들이는 사람들이 각기 다른 분야에 있기 때문에 문제를 제기하거나 수긍하지 못하는 경우가 많습니다.

이를 설득하기 위해서는 반드시 **보편적 가치가 내재된 객관적 답변**이 필요합니다. 여기서 말한 보편적 가치란 개개인의 경험으로 인해 왜곡될 수 없는 과학이나 통계 또는 사회적 가치 등을 말합니다.

● 게임 개발 과정에서 게임 디자이너의 업무 영역이 필요하다고 생각하는가?

게임 개발뿐 아니라 일정 수준 이상의 복잡성을 가진 모든 분야에는 반드시 디자인 업무가 존재하고 필요합니다. **디자이너의 존재로 인해 발생하는 효율적 가치**는 프로젝트가 고도화될수록 커진다고 생각합니다. 디자인 없이 게임을 개발한다는 것은 원화 없이 3D를 제작하거나 설계 없이 건물을 짓는 것과 같지 않을까요.

● 게임 디자이너들에게 '최소한 이런 건 갖추고 와라.'고 말해주고 싶은 것이 있다면?

첫째는 **[문서 작성 능력]**입니다.

게임 디자인 설계에서 좋고 나쁨은 실제 게임으로 완성되기 전까지 검증할 수 없습니다. 따라서 **전달력 있는 문서 작성 능력**이야말로 다른 파트 작업자들에게 **본인을 어필할 수 있는 최고의 방법**입니다.

둘째는 **[분석 능력]**을 기르라는 것입니다.

게임 디자인을 하는 과정은 끊임없는 선택의 연속입니다. 각각의 선택 분기점에서 **더 좋은 가치 판단**을 하려면 분석 능력이 요구됩니다. 분석은 '개선과 발전'을 전제로 한 과정이므로 무언가를 분석한 후에는 어떻게 개선하여 발전시킬 수 있을지도 심도 있게 생각해봐야 합니다. 더 좋은 가치 판단이란 것은 결국 **[분석 - 개선안]을 반복하는 과정에서 습득할 수 있는 능력**입니다.

● 신입과 주니어 게임 디자이너에게 바라는 점이 있는가?

첫 번째는 **'성실함'**입니다. 성실한 이미지는 신뢰로 연결될 수 있으며 이는 디자인 업무 중에 발생할 수 있는 여러 가지 장애 요소를 쉽게 극복할 수 있게 해줍니다. 이제부터 5분 일찍 출근하고 미팅 중 중요한 내용을 메모해보세요. 하루에 5분 투자해서 만든 성실한 이미지가 **프로그래밍을 공부해서 쌓은 지식보다 더 가치 있다**고 생각합니다.

둘째는 **'적극성'**입니다. 많은 디자이너분들이 자신이 모르는 부분을 약점이라고 생각하고 숨기려고 합니다. 자연히 커뮤니케이션이 소극적으로 되고, 이로 인해 발생하는 피해는 프로젝트의 규모에 비례하여 커질 수밖에 없습니다. 그래서 **적극적으로 배움을 구하고 질문하는 자세**야말로 중요한 역량이라고 생각합니다.

● 해당 직군의 사람으로서 게임 디자이너들에게 하고 싶은 이야기가 있다면?

아트, 프로그램과 다르게 게임 디자인은 정량적 기준이 희미한 게 사실입니다. 시험 범위 없이 시험을 치르는 느낌이라고 할까요? 개발 과정마다 모든 변수가 바뀌고 실시간으로 변화합니다. A 프로젝트에서는 가치 있던 방법론이 B 프로젝트에는 악영향을 주기도 하고, 이 와중에 자기계발도 해야 하고 정기적으로 오는 슬럼프도 극복해야 합니다.

처음에는 **좋아서 선택한 일인데 좌절을 반복하다 매너리즘에 빠져 기계적으로 일을 하거나, 개발에 공포심을 느끼고 업계**를 떠나는 선후배분들을 많이 봤습니다. 제 개인적인 생각이지만, 그렇게 되지 않으려면 **[자가 달성 동기부여]**가 필요하다고 생각합니다. [자가 달성 동기부여]는 스스로 목표를 세우고 수행하는 과정에서 만족감을 느끼는 **일종의 셀프 퀘스트** 같은 것인데요.

Ernham

디자인 업무를 다른 사람에게 인정받거나 칭찬을 받기 위해서 하는 게 아니라, 스스로의 만족을 위해서 하라는 것입니다. 그렇다고 독단적으로 업무를 진행하라는 의미는 아닙니다. [자가 달성 동기부여]에는 '다른 사람에게 인정을 받는 것'도 하나의 퀘스트로 존재할 수 있습니다.

어떤 직무를 수행할 때 스스로 만족감을 느낄만한 목표(퀘스트)를 부여합니다. 예를 들어 "3일이 걸리는 작업이지만 2일 만에 완료하겠어"라는 목표를 세우고 이를 달성하면 스스로 성취감도 느낄 수 있고, 다른 사람의 평가에서도 어느 정도 자유로울 수 있게 됩니다.

저 같은 경우는 과거 신입 때 리뷰 회의에서 받은 "그래서 그게 재미있어요?"라는 질문에 자신 있게 답하기 위해 매우 긴 셀프 퀘스트를 수행하고 있는데요. 이 글을 보시는 분들도 업무를 진행할 때 컨트롤이 불가능한 변수에 너무 연연하지 말고, 스스로 부여한 셀프 퀘스트를 지속적으로 수행해보는 건 어떨까요?

스스로 좋아서 시작한 일이니, 본인이 만족할 수 있을 때까지 정진할 수 있기를 바라겠습니다.

오솔길

Nick : 오솔길
개발게임장르 : MMORPG
경력 : 게임 디자인(전투) 7년

● 게임 디자이너는 무엇을 하는 사람이라고 생각하는가?

게임 디자이너로서 수행해야 하는 각 파트의 업무는 꽤나 다양합니다. 밸런스, 레벨, 콘셉트, 전투, 시스템 등이 그것이죠. 한 가지 공통된 지향점이 있다면 유저가 체험(플레이)할 콘텐츠를 디자인하고 의도한 바에 맞게 배치하는 작업을 수행합니다. 위 질문에 제 나름대로 정의를 내리자면 **게임 디자이너라는 플레이어의 재미있는 경험을 만드는 사람**이겠네요.

● 다른 직군이 게임 디자이너에게 기대하는 것은 무엇일까?

기본적으로 게임의 재미를 기대하겠지만, 타 파트 관점에서 본다면 더 명확한 작업 방향성을 제시해주기를 기대할 것입니다. 프로그래머 입장이라면 '우리가 뭘 구현해주면 돼?', 아티스트 입장에서는 '우리가 뭘 그려주면 돼?'이겠죠. 그렇기 때문에 **명확한 의도가 담긴 이해하기 쉬운 문서**가 필요합니다.

● 같이 일하면서 인상적이었던 게임 디자이너가 있었는가?

아트와 관련해서 방대한 참고 자료를 가지고 있던 분이 있었습니다. 제가 속한 파트가 전투 파트이기 때문에 연출에 대한 부분을 신경 쓸 수밖에 없습니다. 그런데 이분은 말만 하면 관련 참고 자료 및 연출을 찾아서 보내주셨어요. 특히 아트 파트와 작업할 때 굉장히 편했습니다. 아트와 연출 관련 이야기를 나눌 때 막히면 항상 그분을 찾아가 관련 자료를 찾아보곤 했죠. 원활한 작업을 위해서는 아트 직군 만큼이나 **게임 디자이너도 방대한 참고용 자료가 필요하다는 것을** 그분을 보고 배웠습니다.

● 최근에 다른 게임 디자이너와 일하면서 불만스러웠던 점이 있다면?

존중이라고는 모르는 신경질적인 사람과 일을 진행한 적이 있습니다. 좋게 말해도 되는 걸 짜증 섞인 목소리로 말했죠. 이분은 매사가 이런 식이었습니다. 업무 의욕이 떨어진 적이 한두 번이 아니었고 결국 퇴사까지 하게 되었습니다. 사람은 일을 잘하는 것도 중요하지만, 인성이 더 중요하다는 것을 다시 한번 깨닫는 순간이었습니다.

● 게임 디자이너들에게 '최소한 이런 건 갖추고 와라'고 말해주고 싶은 것이 있다면?

게임 실무적인 부분이야 당연하게도 일을 하면서 레벨이 오릅니다. 하지만 게임 플레이 경험에서 나오는 레벨만큼은 절대로 오르지 않습니다. **하나의 게임을 깊게 파는 것도 좋지만, 다양한 플레이 경험을 하기를 바랍니다.** 실무를 진행할 때 무엇보다 중요한 밑천이 되어줄 것입니다. '고기도 먹어 본 놈이 잘 먹는다'라는 말이 있듯이요.

● 같이 일하는 게임 디자이너가 이상한 요구를 한 적은 없었는가?

어떤 스킬 연출에 대한 방향성 요구였는데, 제가 기억하는 내용은 이렇습니다. "스킬을 사용하면 광역 범위에 번개가 치는데, 화려하지만 유저 피로도를 생각하여 심플하고 단순하게 내리쳤으면 좋겠다." 이는 마치 "아이스 아메리카노를 약간 따뜻하면서 달짝지근하게 주세요"와 다를 바와 없는 요구로, 연출 작업자의 어이없어하던 표정을 아직도 잊을 수가 없네요. 이건 극단적인 사례긴 하지만, **자신의 요구가 말이 되는지 안 되는지를 꼼꼼히 체크할 필요가 있다**고 말씀드리고 싶습니다.

● 디자인 의도를 설명하는 것이 중요하다고 생각하는가?

콘텐츠를 디자인할 때 기준이 되는 의도에 대한 설명은 매우 중요하다고 생각합니다. 하지만 게임이라는 매체가 가진 특성이 매우 변화무쌍하기 때문에 꼭 최초의 의도를 지킬 필요는 없다는 것이 제 생각입니다. 의도를 가지고 작업하다 보면 콘텐츠가 처음과는 다르게 돌아가는 상황이 자주 발생하는 것을 볼 수 있습니다. 그렇기 때문에 무엇보다 중요한 건 의도가 아니라, 게임을 플레이하는 유저가 과연 해당 콘텐츠를 플레이했을 때 어떤 느낌을 받을지에 대한 고찰(결과물)인 것 같습니다. **의도의 방향성이 잘못됐다면 수정하세요. 우리의 최종 목표는 재미있는 게임을 만드는 것이니까요.**

오승길

● **디자인 의도를 설명할 때 권하고 싶은 효과적인 방법이 있다면?**

자신의 의도와 가장 부합하는 **참고 자료를 시각적으로 전달하는 것**이 가장 좋은 것 같습니다. 자신의 의도만 명확히 전달할 수만 있다면 게임, 동영상, 애니메이션, 이미지 등 그 어떤 자료도 좋습니다. 백 마디 말보다 단 몇 초짜리의 시각 자료가 더 전달력이 좋습니다.

● **다른 게임 디자이너가 설명해주는 디자인 의도가 공감되지 않을 때 어떻게 대처하는가?**

정말 어려운 질문이네요. 대부분 논의를 통해 합의점을 찾지만 사실 쉽지는 않죠. 이런 상황이 발생할 때 쓰는 저만의 방법은 공감하는 듯한 제스처를 취하며 상대방의 의견을 들어주고, 공감하는 듯한 신호를 최대한 계속해서 보낸 뒤에 저의 의견을 내는 것입니다. 공감은 하지만, 그 방향성보다는 이런 방향성이 우리가 만들고자 하는 게임에 더 적합하지 않을까? 라는 식으로 말이죠. **공감하고 있다는 시그널을 상대방에게 보여주는 것**이 생각보다 많이 중요한 것 같습니다.

● **신입과 주니어 게임 디자이너에게 바라는 점이 있다면?**

1인 개발이 아닌 이상 **게임은 반드시 협업이 필요한 '팀' 프로젝트입니다.** 게임이 추구하는 방향성과 자신이 말하고자 하는 의도가 부합하는지를 잘 생각해볼 필요가 있습니다. 간혹 자기주장이 맞다 생각하여 일방적으로 의견을 주장하시는 분이 있는데, 장기적인 팀 프로젝트 특성상 상당한 마이너스 요인으로 작용할 수 있습니다. 그렇기 때문에 팀원 간의 예의를 지키는 것이 무엇보다 중요하다고 생각합니다. 다른 일도 그렇지만 게임 개발도 사람이 하는 일입니다. 무엇보다 사람 간의 예의를 지키는 것이 중요합니다.

● **해당 직군의 사람으로서 게임 디자이너들에게 원하는 것은 무엇인가?**

앞서 말했듯 게임 개발도 결국 사람과 사람이 하는 일입니다. **상호 간의 예의를 지키며** 즐거운 개발 문화를 만들어나갔으면 좋겠습니다.

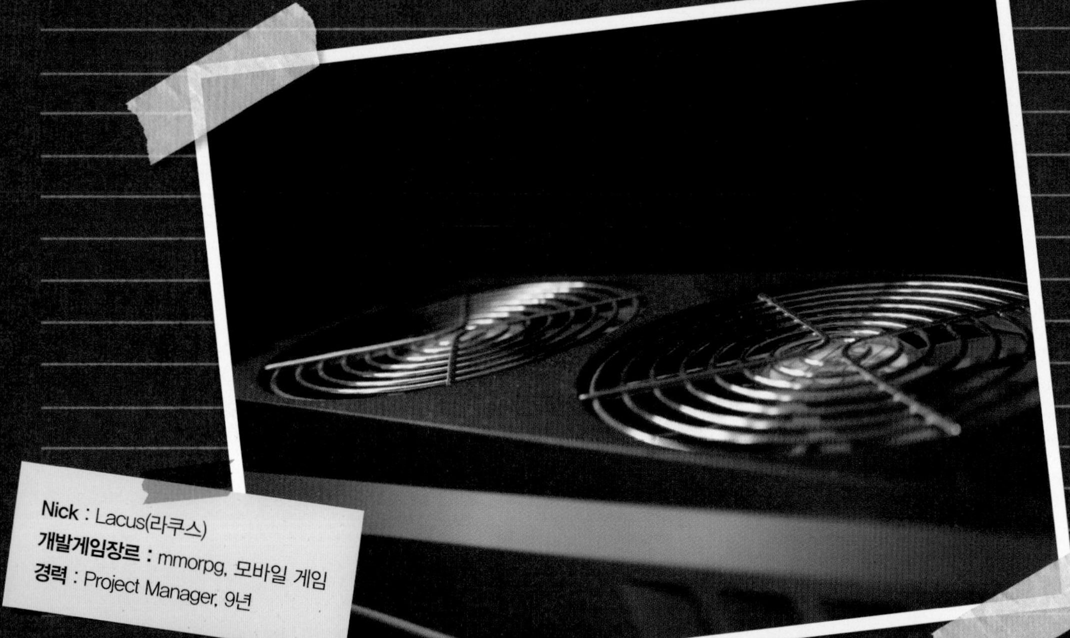

Nick : Lacus(라쿠스)
개발게임장르 : mmorpg, 모바일 게임
경력 : Project Manager, 9년

- 게임 디자이너란 뭘 하는 사람인가?

게임의 완벽한 **설계도**를 만드는 사람입니다.

- 게임 디자이너에게 기대하는 것이 무엇인가?

게임 디자이너라면 게임의 핵심 재미를 고안하거나 또는 핵심 재미가 무엇인지를 잘 포착하고 그것을 가장 효과적으로 살릴 수 있는 설계를 할 수 있는 능력이 있어야 하며, 프로그래머가 프로그래밍에 들어갈 수 있고 아티스트들이 그래픽 리소스를 작업할 수 있도록 게임을 **개발 가능한 수준까지 세밀하게 설계**할 수 있어야 합니다.

- 게임 디자이너에게 불만인 경험이 있는가?

아직까지 나를 만족시켜준 디자이너를 만난 적이 **없습니다.**
역사, 기초 지식, 논리적 사고 능력, 언어 구사력 등 **게임 디자이너로서 가장 기본적인 능력이 준비되지 않은 디자이너를 가르쳐야 할 때** 불만스럽습니다. 게임 디자이너 이 정도의 능력은 기본적으로 갖추고 와야 한다고 봅니다.

- 신입, 혹은 주니어 디자이너에게 바라는 점이 있는가?

국사, 세계사, 인문학 등 게임의 소스가 될 수 있는 배경지식을 갖추기 위해 노력해야 합니다. 게임 디자이너라면 신문을 읽고 독서도 꾸준히 하며 외부 세계의 변화와 흐름을 관찰하고 설명할 수 있는 능력을 길러야 합니다.
언어 구사력, 논리력, 맞춤법 등 문서와 언어로 타인을 설득하거나 특정 개념을 효과적으로 전달할 수 있는 능력도 중요하고, 사물과 어떤 현상의 본질에 대해 탐구하고 그것이 왜 그런 지에 대해서 유추하고 추론할 수 있는 능력도 게임 기획을 하기 위해서는 필요합니다.
이런 능력들을 갖추기 위해 노력하기를 바랍니다.

라프 코스터

● **디자이너가 디자인 의도를 설명해야 한다고 생각하는가?**

디자인 의도를 설명하는 것은 당연한 것입니다.

디자인 의도에 공감 가지 않을 경우엔 어떻게 하는가 이해될 때까지 물어보고, 디자이너는 왜 이런 디자인을 했는지 잘 설명할 수 있도록 공부하는 것이 정답이라고 생각합니다.

또한, 디자이너 외의 개발자들은 그의 전문 분야를 존중하고 게임의 전체적인 모습을 보는 관점으로는 자신보다 생각이 앞서 있을 가능성을 염두에 두어야 합니다.

● **디자이너, 혹은 게임 디자인의 영역(Role)에 대해 의문/회의가 든 적이 있었는가?**

디자이너 출신이기에 디자인의 영역에 대해 의문을 가진 적은 없지만, 함량 미달의 디자이너가 많다는 사실에 의아해한 적은 많습니다. 대학 졸업 프로젝트 때, 프로그래머들에게 게임 디자인을 시켰더니 게임 디자인은 아무나 하는 일이 아니며, 두 번 다시 게임 디자인을 하지 않겠다고 말하는 학생들이 많았습니다.

게임 디자인은 게임을 만들기 위해서 반드시 필요하고 중요한 부분이고, 게임 디자이너들은 그런 무게감을 느끼고 열심히 공부하고 스스로 자신의 자격을 갖추도록 노력해야 합니다.

● **게임 디자이너에 대해 만족스러웠던 적이 있는가?**

박복하게도 아직은 **없습니다.**